일러두기

이 책에는 생소한 단위들이 많이 등장합니다. 이는 한국과 미국이 사용하는 단위계가 다르기 때문입니다. 한국에서는 미터법을 사용하는데, 미국에서는 야드-파운드법을 사용하지요. 야드-파운드법의 단위로는 마일, 야드, 피트, 갤런, 화씨 등이 있지요. 이 책에는 그 밖에도 다양한 단위가 등장합니다. 그러나 처음 만나는 단위라고 겁먹지 마세요. 단위를 몰라도 문제를 풀 수 있으니까요. 그래도 상식으로 다양한 단위를 알아 두면 좋겠죠?

- **마일** ⋯ 길이 단위로 기호는 mil. 1마일은 약 1.6킬로미터임.
- **인치** ⋯ 길이 단위로 기호는 in. 1인치는 약 2.54센티미터임.
- **피트** ⋯ 길이 단위로 기호는 ft. 1피트는 약 30.48센티미터이며, 12인치임.
- **야드** ⋯ 길이 단위로 기호는 yd. 1야드는 3피트, 즉 36인치이며, 0.9144미터(=91.44센티미터)에 해당함.
- **갤런** ⋯ 액체의 부피 단위로 기호는 gal. 1갤런은 미국에서는 약 3.785리터, 영국에서는 약 4.545리터임.
- **해리** ⋯ 항해·항공 등에서 사용되는 길이 단위로 기호는 nmile. 1해리는 1,852미터임.
- **노트** ⋯ 배의 속도를 나타내는 단위로 기호는 Kt 또는 Kn. 1시간에 1해리(1,852미터)를 움직인 속도임.
- **알피엠** ⋯ 분당 회전수를 가리키는 단위로 기호는 rpm. 자동차의 엔진 회전수, 컴퓨터의 하드디스크 속도를 비롯해 모든 회전체의 회전수를 나타낼 때 쓰임.

One Minute Mysteries：65 Short Mysteries You Solve With Math!
ⓒ Eric Yoder and Natalie Yoder
Originally published in English, in 2010, by Science, Naturally, Washington, DC
All rights reserved.

No part of this book may be used or reproduced in any manner whatever without written permission, except in the case of brief quotations embodied in critical articles or reviews.

Korean Translation Copyright ⓒ 2012 by Danielstone Publishing
Published by arrangement with Science, Naturally!, through BC Agency, Seoul.

이 책의 한국어관 저작권은 BC에이전시를 통한 저작권자와의 독점 계약으로 뜨인돌출판(주)에 있습니다.
저작권법에 의해 한국 내에서 보호를 받는 저작물이므로 무단 전재와 무단 복제를 금합니다.

생활에서 발견한 재미있는 수학55

초판 1쇄 펴냄 2012년 3월 23일
　5쇄 펴냄 2018년 11월 1일

지은이 에릭 요다·나탈리 요다
그린이 햇빛섬
옮긴이 이범규
펴낸이 고영은 박미숙

펴낸곳 뜨인돌출판(주) | 출판등록 1994.10.11.(제406-251002011000185호)
주소 10881 경기도 파주시 회동길 337-9
홈페이지 www.ddstone.com | 블로그 blog.naver.com/ddstone1994
페이스북 www.facebook.com/ddstone1994 | 노빈손 www.nobinson.com
대표전화 02-337-5252 | 팩스 031-947-5868

ISBN 978-89-5807-366-6 73410
CIP2012001035

어린이제품안전특별법에 의한 제품표시
제조자명 뜨인돌어린이 **제조국명** 대한민국 **사용연령** 만 6세 이상

생활에서 발견한 재미있는 수학 55

글 에릭 요다 · 나탈리 요다　그림 햇빛섬　옮김 이범규

뜨인돌어린이

차례

1장 집에서 수학을 해요!

01	주사위를 던져 당번을 정하는 것은 공평할까?	10
02	울타리를 가장 넓게 만드는 방법은?	14
03	달력 없이 요일을 맞힐 수 있을까?	18
04	어항의 물 온도를 맞추려면?	22
05	화강암과 대리석 타일 중 더 경제적인 것은?	25
06	매년 예금할 때 복리법으로 계산하면 얼마가 될까?	30
07	팬케이크에 넣을 우유의 양을 어떻게 잴까?	34
08	아빠는 정말 과속 운전을 했을까?	38
09	전체 비용이 적게 드는 차를 어떻게 고를까?	42
10	바닥을 칠하려면 페인트 한 통이 더 필요할까?	46
11	아빠의 시리얼을 누가 몰래 먹었을까?	50
12	동전의 같은 면이 연달아 나올 확률은?	53
13	케빈이 쓴 글에서 잘못된 내용은 무엇일까?	57
14	시계태엽을 얼마나 자주 감아야 할까?	60
15	100자루의 펜을 몇 자루씩 나눠 가져야 할까?	63

2장 집 밖에서 수학을 해요!

16	나무의 높이를 어떻게 잴까?	68
17	잔디 깎는 시간을 줄이려면 어느 기계를 사야 할까?	72
18	울타리를 치려면 철망이 몇 개 필요할까?	76
19	보트로 강을 오르내릴 때 시간 차가 나는 이유는?	80
20	장난감 비행기를 꺼내는 데 필요한 사다리는?	84
21	안내판만 보고 가장 속도가 빠른 리프트를 알 수 있을까?	88
22	사료 한 자루와 같은 무게의 말편자는 몇 개일까?	92
23	안내판을 박으려면 구덩이를 얼마나 크게 파야 할까?	96
24	여행객이 다녀온 길은 어느 길이었을까?	100
25	로켓의 속력을 시속 30마일까지 올리는 방법은?	104
26	바닷가에 도착할 때까지의 시간을 예상할 수 있을까?	108
27	벽에 있는 얼룩을 가리려면 어떤 액자가 적당할까?	112
28	카렌은 스웨터 살 돈을 빌려야 할까?	116
29	3단계와 5단계 선풍기 중 어느 것을 사야 할까?	120
30	연체료를 물까, 책 구입비를 낼까?	124
31	카세트의 숫자판으로 시간을 잴 수 있을까?	128

3장 운동하면서 수학을 해요!

32	조각수가 많다고 더 많은 피자를 먹은 것일까?	134
33	바람은 골프채 선택에 어떤 영향을 줄까?	138
34	출전 자격을 얻으려면 몇 점을 더 받아야 할까?	142
35	평균 키가 큰 농구팀이 이길 가능성이 클까?	146
36	정사각형과 원 중에서 어느 쪽이 더 유리할까?	150
37	누구의 타율이 가장 많이 증가했을까?	153
38	평지와 비탈길, 거리 차이의 비밀은?	157
39	기준선은 어떻게 정할까?	161
40	골프 홀의 폭과 넓이는 어떤 관계일까?	164
41	누가 후원금을 가장 많이 모금할까?	168
42	개인 목표를 달성하면 누구의 기록이 가장 뒤처질까?	172

게임 하면서 수학을 해요!

43	작은 그림과 닮은꼴인 큰 그림을 그릴 수 있을까?	178
44	사탕 개수를 쉽게 세는 방법은?	182
45	가장 부피가 큰 사육통을 빨리 알아내는 방법은?	185
46	둘레가 같은 정사각형과 원 중 넓이가 더 넓은 것은?	188
47	어떤 반이 얼마의 모금액을 냈는지 알 수 있을까?	192
48	두 종류의 컵으로 주스를 공평하게 나누어 주는 방법은?	196
49	저울로 종이 한 장의 무게를 알아낼 수 있을까?	200
50	누가 더 빨리 낙엽을 청소했을까?	204
51	어느 팀이 더 많은 낙엽을 담았을까?	208
52	서로 다른 맛의 아이스크림을 21가지 만들려면?	212
53	직사각형으로 가장 큰 넓이를 만들려면?	216
54	상품권을 가장 많이 받게 될 게임은 무엇일까?	220
55	소금물의 어는점 화씨 28도는 섭씨로 몇 도인가?	225

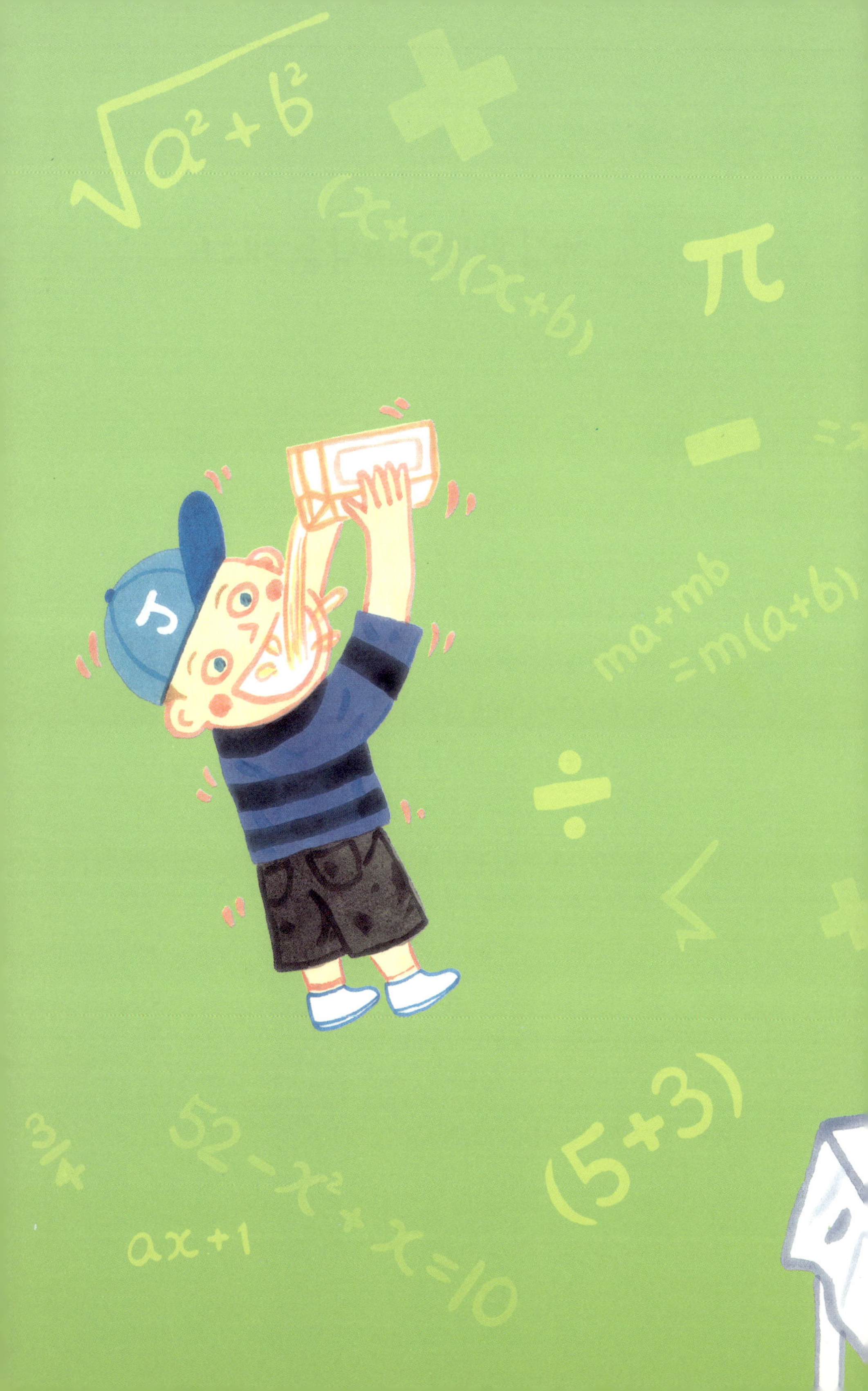

$\sqrt{a^2+b^2}$
$(x+a)(x+b)$
π
$ma+mb$
$=m(a+b)$
$(5+3)$
$3/4$
$ax+1$

주사위를 던져
당번을 정하는 것은 공평할까?

케빈이 일곱 살, 제임스가 아홉 살, 수지가 열한 살이던 해에 있었던 일이에요.

"5분 경고 발령. 밥 먹을 준비해라!"

아빠의 목소리가 들려왔어요.

아빠는 저녁 식사를 만들 때, 늘 아이들에게 상 차리는 걸 돕게 했어요. 그러나 수지와 제임스와 케빈은 상 차리는 걸 비롯해서 매일 저녁 해야 하는 세 가지 일이 무척 귀찮았어요. 나머지 두 가지 귀찮은 일은 식사 후에 해야 하는 설거지와 쓰레기를 정리한 후 버리는 일이있어요.

아이들은 식탁 차리기를 특히나 싫어했어요.

"누가 식탁을 차릴 차례니?"

수지는 주사위 놀이를 하는 동생들에게 물었어요.

제임스와 케빈은 어깨를 으쓱했어요. 아무도 차례를 기억하지 못했어요.

"한 쌍의 주사위를 던져 차례를 정하는 건 어때?"

제임스가 제안했어요.

"주사위 점의 합이 첫 번째로 자기 나이와 같게 나오는 사람이 식탁을 차리는 거야. 그리고 두 번째로 같게 나오는 사람은 설거지, 그다음은 쓰레기 정리 순이지."

"좋아, 공정한 방법이네."

케빈이 손뼉을 치며 말했어요.

"아니야, 그렇지 않아."

수지의 말에 제임스가 이해가 안 된다는 듯이 말했어요.

"누나, 세상 누구도 주사위의 점을 마음먹은 대로 나오게 할 수는 없어. 그러니까 주사위를 던졌을 때 점의 합이 우리 각자의 나이와 같게 나올 가능성은 모두 같은 거야."

그러자 수지가 주사위를 굴리며 대답했어요.

"맞는 말이야. 매번 주사위를 던져서 원하는 숫자가 나오게 할 수는 없어. 그러나 그것이 우리 각각의 나이가 나올 가능성이 같다는 뜻은 아니지."

"어째서 그렇지?"

제임스가 물었어요.

전략 주사위 두 개를 던져 나오는 점의 합이 7, 9, 11일 경우가 각각 몇 가지인지 구해 보자.

지식 주사위는 여섯 면이며 점의 개수는 1, 2, 3, 4, 5, 6의 여섯 가지다.

7이 나올 경우는
여섯 가지

9가 나올 경우는
네 가지

11이 나올 경우는
두 가지

왜 케빈이 맨 처음 당번이 될 확률이 가장 클까?

"두 개의 주사위를 던질 때, 점의 합은 2에서 12까지 나올 수 있어."

수지가 두 개의 주사위 점을 모두 1로 만들더니 말했어요.

"2가 나올 경우는 단 한 가지뿐인데, 주사위 점이 모두 1일 때야. 그리고 12가 나올 경우도 단 한 가지뿐인데 주사위 점이 둘 다 6일 때야. 3과 11이 나올 경우는 두 가지가 있어. 3은 첫 번째 주사위에서 1이, 두 번째 주사위에서 2가 나오거나, 첫 번째 주사위에서 2, 두 번째 주사위에서 1이 나오는 경우지. 11은 첫 번째 주사위에서 6이, 두 번째 주사위에서 5가 나오거나, 첫 번째 주사위에서 5, 두 번째 주사위에서 6이 나와야 해."

"아하, 이제 알겠어."

케빈이 수지의 말을 이어 나갔어요.

"4(□⋯, □⋯, ⋯□)와 10(⊞⊞, ⊠⊠, ⊞⊞)이 나올 경우는 세 가지가 있고, 5(□⊞, □⊞, ⋯□, ⊞□)와 9가 나올 경우는 네 가지가 있어. 6(□⊞, □⊞, ⋯⋯, ⊞□, ⊞□)과 8(□⊞, □⊞, ⊞⊞, ⊞⋯, ⊞□)이 나올 경우는 다섯 가지가 있고, 7이 나올 경우는 여섯 가지가 있어. 이런, 7이 나올 경우가 가장 많잖아? 내가 일곱 살이니까, 결국 내가 식탁을 차리게 될 가능성이 가장 크다고 할 수 있네? 이건 공평한 내기가 아니야. 차라리 가위바위보로 정해."

울타리를 가장 넓게 만드는 방법은?

케빈은 놀이용 모형물을 좋아해요. 그는 여러 가지 모형물을 거실에 설치했는데, 식구들은 그곳을 '케빈 랜드'라고 불렀어요. 그곳에는 여러 채의 집, 동물원과 빵집을 비롯해 가축도 여러 마리 있었어요. 케빈은 특히 말을 좋아했어요.

케빈은 생일 선물로 모형 말과 함께 크기가 1인치인 플라스틱 울타리 조각 40개를 선물로 받았어요. 울타리는 직선으로 연결하여 직각으로 꺾을 수 있게 되어 있어요.

생일 파티가 끝난 뒤 손님들이 모두 돌아가고 나서, 케빈은 울타리를 설치했어요.

"말들을 모두 이 울타리에 넣을 수 있을까?"

케빈이 수지에게 말했어요.

수지는 케빈이 가진 말들이 많아서 울타리가 충분할지 몰라

선뜻 대답할 수 없었어요.

케빈은 세로가 가로보다 더 긴 직사각형으로 울타리 조각들을 배열하였어요. 그러나 모형 말을 모두 넣을 만큼 넓지 않았어요.

"울타리 조각이 모자라. 더 사야겠어."

케빈이 아쉬운 표정으로 말했어요.

"음, 가로와 세로 길이를 생각하면서 한 번 더 울타리를 만들어 보는 게 좋겠는걸."

조각들을 다시 배열하면서 수지가 말했어요.

"다시 만든다고 넓어질까? 어차피 울타리 조각 개수가 똑같은데……."

케빈이 고개를 갸우뚱하며 말했어요.

전략　울타리 조각의 배열을 달리하여 가능한 한 넓은 면적의 사각형을 만들어 보자.

지식　① 직사각형의 넓이＝가로×세로
　　　② 직사각형의 둘레＝2×(가로+세로)

둘레가 일정한 직사각형 중에서 넓이가 가장 큰 것은 어떤 사각형일까?

"각 변이 10개의 조각으로 연결된 정사각형 울타리를 만들어 보자. 정사각형의 넓이는 가로 곱하기 세로이므로 10 곱하기 10, 즉 100제곱인치가 돼.

이번에는 가능한 한 정사각형에 가까운 직사각형을 만들어 볼까? 한쪽 변은 9개, 다른 쪽 변은 11개의 조각이 될 거야. 이것의 넓이는 9 곱하기 11 해서 99제곱인치가 돼. 별 차이는 없지만 99가 100보다 작은 건 사실이야. 점점 가로 길이를 줄여

10 × 10 = 100   9 × 11 = 99

가 볼까? 한쪽 변은 8개 다른 쪽 변은 12개인 직사각형의 넓이는 8 곱하기 12 해서 96제곱인치가 돼. 가로와 세로의 길이 차가 큰 직사각형일수록 그 넓이가 작아지지.

만약 이런 식으로 계속 모양을 바꿔서 한쪽 변은 1개, 다른 쪽 변은 19개인 직사각형을 만들면, 그 넓이가 1 곱하기 19 해서, 19제곱인치에 불과하게 돼. 이로써 정사각형이야말로 가장 넓은 공간을 둘러싸는 도형이라는 걸 알 수 있어."

수지 말대로 정사각형 울타리를 만들자, 모형 말들을 모두 넣을 수 있었어요.

8×12=96

19×1=19

달력 없이
요일을 맞힐 수 있을까?

어느 날 밤, 수지와 제임스는 다가올 대통령 선거에 대한 토론을 텔레비전으로 보고 있었어요. 둘은 각 후보가 내거는 주요 공약을 노트에 적었어요. 다음 날 사회 시간에 이에 관한 시험이 있을 예정이거든요. 케빈은 구석 자리에 앉아서, 생일 파티 초대장을 만들고 있었어요. 생일 파티는 내년 1월 6일에 할 예정이에요. 생일날까지는 두 달도 더 남았지요.

케빈은 이제까지 작성한 것을 큰 소리로 읽었어요.

"생일 파티에 초대합니다! 일시 1월 6일 ○요일. 제임스 형, 내 생일날이 무슨 요일일까? 내년 달력이 없어서 알 수가 없어."

"난 지금 내일 사회 시험 때문에 이 토론을 집중해서 봐야 해. 인터넷에 검색해 봐."

제임스가 텔레비전에서 눈을 떼지 않은 채 말했어요.

"올해에 네 생일이 무슨 요일이었는지 기억하니?"
수지가 케빈에게 물었어요.
"일요일이었어."
케빈이 대답했어요.
"그렇다면 이번에 있을 네 생일이 무슨 요일일지 달력 없이도 알 수 있지 않니?"
수지가 윙크하며 말했어요.

전략　요일은 7일을 주기로 반복되므로 7일 차이가 나는 날짜는 같은 요일임을 이용하자.

지식　미국 대통령 선거는 윤년에 있고, 윤년일 경우 일 년은 366일이다. 윤년은 4로 나누어 떨어지는 해이다. (이를테면 2012년)

케빈의 생일은 내년에 무슨 요일일까?

"그렇지! 일 년은 365일이고, 일주일은 7일이므로 365일을 7일로 나누면 52주(364일)에 하루가 남아. 그래서 요일이 하루씩 뒤로 밀린다는 사실을 왜 생각 못 했을까? 그러니까 어느 해에 일요일이었던 날짜는 그다음 해에 월요일이 되는 거야. 맞지, 누나?"

케빈이 의기양양한 목소리로 말했어요.

"흠, 나라면 화요일로 적겠어. 내년 달력을 구해서 정답을 확

윤년은 일 년이 366일. 366일을 7일로 나누면 이틀이 남아. 그러니 내년 내 생일은 화요일!

인해 보렴. 분명히 1월 6일은 화요일로 되어 있을 거야."

"누나가 잘못 계산한 거 아니야? 어떻게 화요일이 되지?"

케빈이 물었어요.

"네가 말한 규칙은 전 해가 윤년이 아니면 맞아. 그러나 윤년에는 일 년이 366일이란다. 다시 말해 7일로 나누면 이틀이 남게 돼. 그러니 다음 해의 같은 날짜는 요일이 이틀 뒤로 밀리게 되지. 그런데 올해는 윤년이야. 대통령 선거가 항상 윤년에 있거든."

어항의 물 온도를 맞추려면?

"케빈, 어항 청소하자!"

케빈과 제임스 형제는 7리터들이 어항이 있는 방을 같이 쓰고 있어요. 어항에는 열대어 두 마리를 키우고 있어요. 그들은 작은 그릇에 물고기를 옮기고, 더러워진 물을 퍼낸 뒤 어항과 바닥에 깔린 자갈을 청소했어요.

케빈과 제임스는 2리터들이 주전자로 어항에 깨끗한 물을 채웠어요.

"오, 잠깐! 물 온도를 섭씨 22도에 맞춰야 해. 그런데 지금 온도가 16도밖에 안 되잖아."

주전자로 세 번을 날라 6리터의 물을 채웠을 때 제임스가 어항 속의 온도계를 보면서 말했어요.

"어떡하지? 물을 몽땅 비우고 다시 온도를 맞춰서 물을 채울까?"

케빈이 말도 안 되는 소리를 했어요.

"마지막 주전자의 물 온도를 조정해서 어항 속 물 온도를 맞추자. 어항 속에는 16도의 물이 6리터 있어. 온도를 22도로 올리려면 마지막 1리터의 물을 22도보다 6도(22-16) 더 높은 28도의 물을 부어야 해. 그러면 어항 속 물 온도가 6도 올라가서 22도가 될 거야."

제임스가 설명했어요.

"나는 그렇게 생각하지 않아."

케빈이 말했어요.

전략 어항의 용량이 7리터이고 이미 6리터의 물이 채워져 있으므로 1리터의 물을 넣어 섭씨 22도로 맞추도록 하자.

지식 6리터의 물 온도를 1도 올리려면, 6도 높은 물 1리터를 넣어야 한다.

케빈은 어떻게 물 온도를 올렸을까?

"형이 한 가지 잊은 게 있어. 새로 부을 물은 1리터지만 어항 속에는 이미 6리터의 물이 있다는 사실이야. 우리는 이 6리터의 물 각 1리터마다 6도씩 올려서 22도로 맞춰야 해. 그러니 주전자에 물을 1리터 채워서 22도보다 36도(6×6) 높은 물을 만들어야만 해. 다시 말해 마지막 1리터의 물 온도를 58도(22+36)로 높여야만 한다는 뜻이지."

케빈이 말했어요.

화강암과 대리석 타일 중
더 경제적인 것은?

엄마 아빠는 낡아 빠진 주방 바닥 타일을 새 것으로 깔기로 했어요. 타일은 금이 가고, 얼룩져서 청소를 해도 별로 깨끗해지지 않았어요.

그러나 새 타일을 고르는 일이 쉽지 않았어요. 부모님은 타일 가게에서 여섯 종류의 견본을 가져와서 주방 여기저기에 펼쳐 놓았어요. 주방 바닥은 가로가 10피트, 세로가 12피트인 직사각형이고 견본 타일들은 1제곱피트짜리 정사각형이에요.

결국 두 종류의 타일 중에서 하나를 선택하기로 했어요. 화강암 타일은 100달러짜리 한 상자에 25개가 들어 있었고, 대리석 타일은 150달러짜리 한 상자에 50개가 들어 있었어요. 두 종류 모두 낱개로는 살 수 없고 상자 단위로 사야만 했어요. 그리고 사용하지 않은 타일은 돈으로 되돌려 받을 수 없었어요.

케빈네 가족은 두 종류의 타일을 똑같이 좋아했어요. 결국 값이 더 싼 걸로 결정하기로 했어요.

"화강암 타일을 사야 해요. 타일이 적게 남잖아요."

케빈이 말했어요.

"타일이 많이 남더라도 돈이 적게 드는 게 좋지 않을까?"

제임스가 말했어요.

"화강암 타일을 사면 돈도 적게 들고 타일도 적게 남아."

케빈이 지지 않고 말했어요.

"무슨 소리야. 수학적으로 계산해 볼까?"

여느 때처럼 케빈과 제임스는 서로 주장을 펼치며 아옹다옹했어요. 결국 부모님이 나섰어요.

"각자가 자신이 주장하는 타일이 더 절약되는 이유를 우리에게 설명해 보렴. 그 주장을 듣고 어느 것을 살지 결정하겠다."

전략 부엌의 넓이를 구한 후 두 종류의 타일에 대하여 각각 필요한 상자의 개수와 비용을 계산해 보자.

지식 직사각형의 넓이 = 가로 × 세로

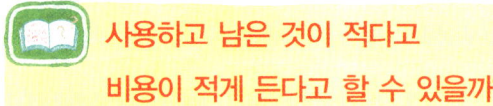
사용하고 남은 것이 적다고
비용이 적게 든다고 할 수 있을까?

케빈이 먼저 주장을 펼쳤어요.

"주방 바닥은 가로가 10피트, 세로가 12피트인 직사각형이에요. 가로와 세로를 곱하면 넓이가 총 120제곱피트죠. 만일 우리가 화강암 타일을 산다면, 그것은 한 상자에 25개가 들어 있으니 총 5상자가 필요해요(5×25=125). 상자 한 개 값이 100달러이므로, 타일 한 개의 값은 100달러를 25개로 나눈 값, 즉 4달러죠. 그러나 5개가 남으니까 모두 20달러(5×4)를 낭비하게 돼요."

케빈은 계속해서 말했어요.

"대리석 타일의 경우에는, 한 상자에 50개가 들어 있어서 세 상자가 필요해요. 그렇지만 타일 30개(150-120)가 남아요. 그래서 남은 30개에 한 개의 값 3달러(150÷50)를 곱하면 모두 90달러를 낭비하게 돼요. 그러니 화강암 타일이 더 경제적인 거죠."

제임스가 잽싸게 끼어들며 말했어요.

"내 생각에는 타일을 적게 남기는 것보다 비용이 적게 드는 게 더 중요하다고 생각해요. 화강암 타일 다섯 상자의 값은 500달러(5×100)지만, 대리석 타일 세 상자의 값은 450달러(3×150)예요. 그래서 대리석 타일이 화강암 타일보다 더 많이 남기는 해도 그걸 사면 50달러를 절약할 수 있어요."

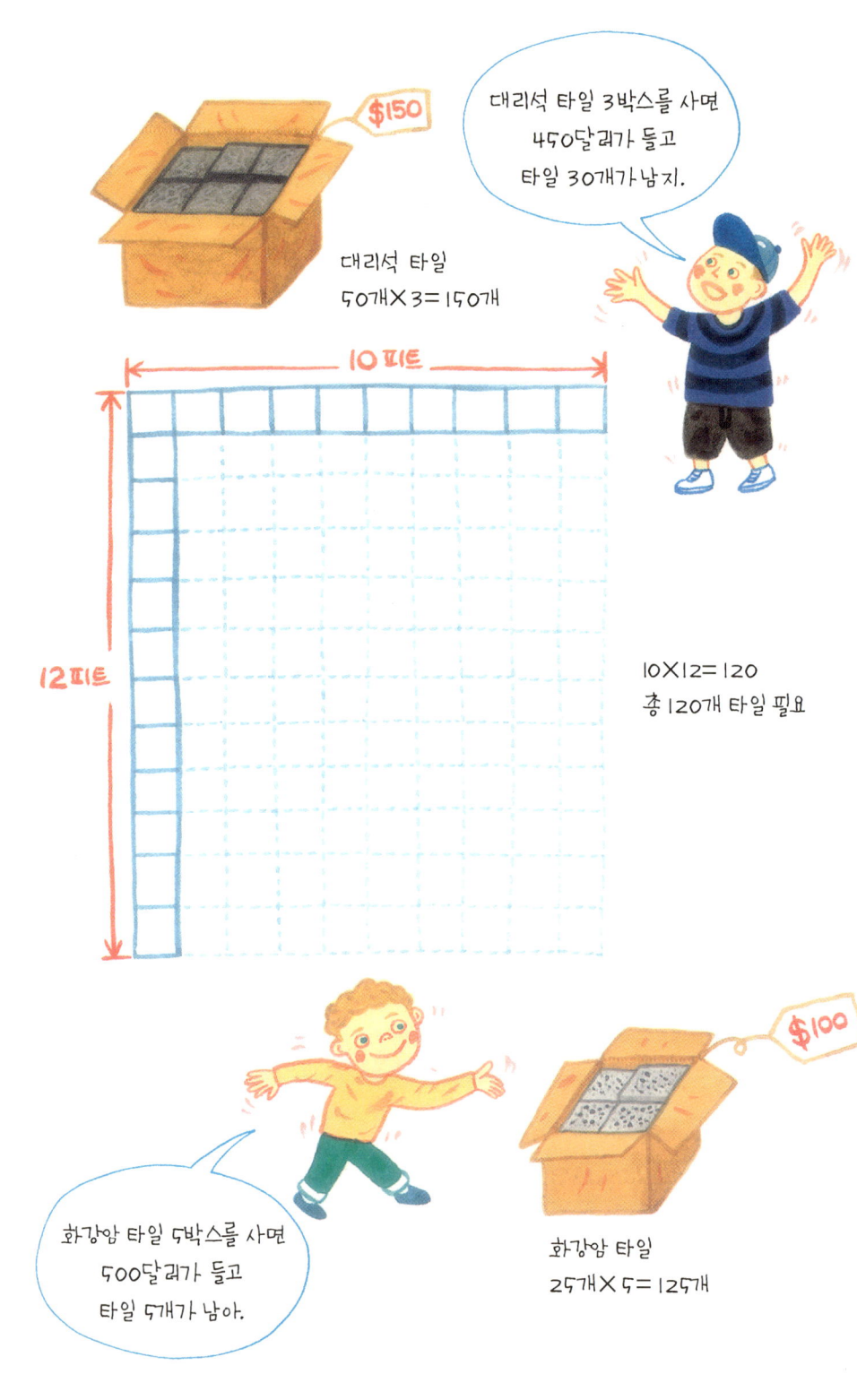

"그러게, 엄마도 제임스의 생각에 동의해. 대리석 타일을 사러 가자꾸나."

엄마가 말했어요.

매년 예금할 때 복리법으로 계산하면 얼마가 될까?

수지가 8학년(중학교 과정)을 마쳤을 때, 수지네 가족은 축하 파티를 열었어요. 그 자리에서 할아버지가 수지의 대학 얘기를 꺼냈어요.

"할아버지, 대학은 먼 훗날 얘기잖아요!"

수지가 말했어요. 수지는 가을 학기에 고등학교에 진학할 예정이에요.

"대학이 너에게는 아주 먼 미래의 일이라 생각될 거야. 그러나 대학 등록금을 지금부터 마련하지 않으면 안 된단다. 그래서 은행 계좌를 열고 너를 위해 1,000달러를 예금해 두었지."

할아버지가 말했어요.

"1,000달러라고요?"

수지가 깜짝 놀랐어요.

"대학은 수업료가 비싸단다. 그래서 앞으로 4년 동안 여름마다 예금액을 매년 전년보다 10퍼센트씩 올려서 예금할 거란다."

할아버지가 말했어요.

"할아버지, 너무 감사해요. 대학에 입학할 때가 되면 5,400달러가 될 거예요."

"어떻게 그런 계산이 나오지?"

할아버지가 물었어요.

전략 새해의 예금액은 앞의 해의 예금액의 10퍼센트(0.1) 상승한 금액을 더하자.

지식 첫째 해 예금액 = 1000
둘째 해 예금액 = 1000×1.1
셋째 해 예금액 = 1000×1.1×1.1
넷째 해 예금액 = 1000×1.1×1.1×1.1
다섯째 해 예금액 = 1000×1.1×1.1×1.1×1.1

4년 후 수지의 예금액은 얼마일까?

"아니, 잘못 계산했어요. 금액이 더 크겠네요. 매년 예금액을 전년보다 10퍼센트씩 올린다는 것을 1,000달러에 대한 10퍼센트를 더한 금액, 즉 1,100달러를 4년 동안 예금한다고 생각했어요. 그래서 5,400달러라는 계산이 나온 거죠. 그러나 할아버지가 매년 예금액을 전년보다 10퍼센트씩 올리겠다고 하셨고, 그것은 복리를 뜻하는 것이죠. 그래서 내년에는 1,000달러보다 10퍼센트 많은 액수인 1,100달러를 예금하실 테고, 세 번째 해에는 금액이 1,100달러보다 10퍼센트 많은 액수인 1,210달러가 될 테죠."

할아버지는 종이 한 장을 꺼내 놓고 계산했어요.

"네 번째 해에는 1,331달러가 될 테고, 네가 고등학교를 마치는 다섯 번째 해에는 1,464달러가 되겠지. 그래서 모두 합하면 6,105달러가 되겠구나."

팬케이크에 넣을 우유의 양을 어떻게 잴까?

수지네와 이웃 두 가족은 겨울 휴가 동안 스키장에 놀러 갔어요. 이들 가족은 돌아가면서 하루씩 요리와 청소를 맡기로 했어요.

수지네가 당번을 맡기로 한 날 아침이었어요.

"엄마! 주방으로 와 보세요."

1인분씩 포장된 팬케이크 혼합 재료를 뜯다 말고 수지가 소리쳤어요. 엄마가 옷을 입는 동안, 수지가 먼저 주방으로 가서 아침 식사를 준비하고 있었거든요.

"무슨 일 있니?"

엄마가 주방으로 걸어 들어오면서 물었어요.

"팬케이크 만들 재료를 모두 준비했어요. 그런데 혼합 재료 한 봉지마다 $\frac{2}{3}$컵의 우유가 필요한데 주방에는 $\frac{2}{3}$컵을 잴 수 있는 계량컵이 없어요. 여기에는 $\frac{3}{4}$컵을 잴 수 있는 계량컵밖에 없어요. 우유의 양을 어떻게 제대로 재죠?"

수지가 말했어요.

"팬케이크를 맛있게 만들려면 우유의 양을 정확히 재어야 하는데……."

엄마가 걱정스런 목소리로 대답했어요.

"아하! 좋은 방법이 생각났어요."

수지가 잠시 후에 말했어요.

"그 방법이 뭐니? 무척 궁금하구나."

전략 $\frac{3}{4}$과 $\frac{2}{3}$를 자연수로 만든 후 이 두 수의 최소공배수를 구하자. 최소공배수는 두 수의 배수 중에서 가장 작은 수이다.

지식 분수를 자연수로 만들려면 분모와 같은 수를 분자에 곱한 후 약분하면 된다. 3과 2의 최소공배수는 6이다.

홀짜리 계량컵으로 어떻게 정확한 우유의 양을 잴까?

"최소공배수만 알면 문제없어요."
수지가 엄마에게 말했어요.

그리고 나서 자연수 3과 2의
최소공배수를 구해요.
3, 6, 9…
2, 4, 6…

분수를 자연수로 만들려면
분모와 같은 수를
분자에 곱한 후
약분하면 돼요.

$\frac{3}{4} \times 4 = 3$

$\frac{2}{3} \times 3 = 2$

"먼저, 각각의 분수에 얼마를 곱하면 자연수가 되는지 계산해요. $\frac{3}{4}$을 재는 컵에서는 자연수가 되게 하려면 4를 곱해야 해요($\frac{3}{4} \times 4 = \frac{12}{4}$, $\frac{12}{4} = 3$, $\frac{3}{4}$에 4를 곱하면 $\frac{12}{4}$가 나오고, 이것을 약분하면 3이 된다.). 그래서 이 $\frac{3}{4}$짜리 컵으로 네 번 채워 부으면 세 컵의 우유를 넣은 것이 된다는 계산이 나오죠."

수지는 계속해서 설명했어요.

"혼합 재료 한 봉지에 $\frac{2}{3}$컵의 우유가 필요해요. 우리에게 $\frac{2}{3}$컵을 재는 컵이 있다고 가정할 때, 자연수로 만들려면 3을 곱해야 해요($\frac{2}{3} \times 3 = \frac{6}{3}$, $\frac{6}{3} = 2$, $\frac{2}{3}$에 3을 곱하면 $\frac{6}{3}$이 나오고, 이것을 약분하면 2가 된다.). 그래서 $\frac{2}{3}$짜리 컵으로 세 번 채운 것과 두 컵의 우유의 양이 같다는 계산이 나오죠.

이번엔 이 두 자연수 3과 2의 최소공배수를 찾아보아요. 그것은 6이에요. $\frac{3}{4}$짜리 컵으로 네 번 채운 것과 우유 세 컵이 같은 양이므로, 여섯 컵을 얻으려면 $\frac{3}{4}$짜리 컵으로 여덟 번을 채워야 해요. 큰 그릇에 $\frac{3}{4}$짜리 컵으로 여덟 번을 부어 여섯 컵의 우유를 넣어요. 그리고 우유 두 컵과 $\frac{2}{3}$짜리 컵으로 세 번 채운 것이 같은 양이므로, 우유 여섯 컵은 $\frac{2}{3}$짜리 컵으로 아홉 번을 채운 것과 같아요. 혼합 재료 한 봉지에 필요한 우유는 $\frac{2}{3}$계량컵으로 한 컵이므로 혼합 재료 아홉 봉지를 섞으면 되어요."

아빠는 정말 과속 운전을 했을까?

"속도위반 딱지가 날라 왔네? 내가 언제 속도위반을 했지?"
수지의 아빠가 우편함을 확인하더니 말했어요.
"아빠, 무슨 일이에요?"
수지가 물었어요.
"글쎄, 내가 유료 도로에서 과속했다는구나. 지난 주말에 과학 전시회에서 돌아올 때 지나왔던 그 도로야."

운전자가 유료 도로에 들어갈 때와 나올 때 각각 시간과 출입구 번호가 적힌 영수증을 받아요. 출입구 번호는 주행 거리를 나타내요. 그래서 운전자가 도로를 빠져나올 때 찍힌 출구 번호에서 들어갈 때 표시된 번호를 빼면 주행한 거리가 나와요. 이렇게 해서 운전자는 주행 거리만큼 요금을 낼 수 있어요.

"우리가 오후 12시 13분에 64번 출입구로 들어가서 오후 1시 33분에 148번 출입구로 나왔다고 여기에 적혀 있어. 그리고 제한 속도가 시속 55마일이었구나. 난 제한 속도로 운전한 것 같은데……. 이 벌금 딱지를 믿을 수가 없어."

아빠가 억울한 표정으로 말했어요.

"아빠, 억울해하지 마세요. 과속한 게 맞아요."

수지가 말했어요.

"네가 그걸 어떻게 아니?"

아빠가 물었어요.

전략 수지의 아빠가 유료 도로를 달린 속력을 시속(1시간 동안 간 거리)으로 구해 보자.

지식 ① 속력(평균 속력)=거리÷시간
② 시속=분속×60

 수지는 아빠가 과속한 걸 어떻게 알았을까?

"우리가 유료 도로에 12시 13분에 들어가서 1시 33분에 나왔다면, 1시간 20분, 즉 80분 동안 주행했다는 얘기죠."

수지가 설명했어요.

"출입구 번호는 주행 거리를 나타낸 것이므로 출입구 64번과 148번 사이의 거리를 알려면 148에서 64를 빼면 돼요. 계산해 보니 84마일이네요. 그것은 아빠와 내가 80분 동안 84마일을 갔다는 거예요. 속력을 정확히 계산해 볼까요?"

수지가 수첩을 꺼내 계산했어요.

"84마일을 80분으로 나누면 1분에 1.05마일을 달린 것으로 나와요. 시간당 주행 거리, 즉 시속을 구하기 위해 분속(1분 동안 간 거리) 1.05마일에 60을 곱하면(1시간은 60분), 63이 나와요. 그러니까 아빠와 내가 평균 시속 63마일로 달렸다는 계산이 나오네요."

"그렇다고 해도, 달리는 내내 그렇게 속도를 내지는 않았을

텐데 말이다. 어떤 때는 63마일보다 느린 속도로 달리기도 했을 거야."

아빠가 말했어요.

"그랬겠죠. 그러나 아빠, 시속 평균 63마일이라면 어떤 때는 그보다 더 빨리 달리기도 했을 거예요. 벌금이 너무 비싸지 않았으면 좋겠네요."

전체 비용이 적게 드는 차를 어떻게 고를까?

"새 차를 구입한다고요?"

수지가 거실로 들어오며 흥분한 목소리로 말했어요. 거실에서는 부모님과 동생 제임스가 새 차에 대한 정보를 살펴보고 있었어요. 수지네 차는 10년이나 되어서 무척 낡았거든요.

제임스는 2만 7,000달러짜리 스포츠카를 보더니 눈빛을 반짝였어요. 엄마는 2만 5,000달러짜리 승합차를, 아빠는 2만 9,000달러짜리 스포츠 실용차를 좋아했어요. 수지는 2만 8,000달러짜리 하이브리드 자동차가 마음에 들었어요. 그러나 모두들 그중 어떤 차를 사도 좋다고 했어요.

"이럴 때는, 가장 비용이 적게 드는 것을 택하는 게 좋지 않을까요?"

제임스가 말했어요.

"구입 가격만 따질 게 아니고, 차를 운행하는 데 드는 비용도 고려해 봐야 한단다."

엄마가 말했어요.

"가스 비용은 1갤런(약 3.8리터)에 약 2달러의 비용이 들지. 스포츠카와 승합차는 1갤런에 25마일(1마일=약 1.6킬로미터)을 달릴 수 있고, 스포츠 실용차는 20마일을, 하이브리드 자동차는 40마일을 가지. 일 년에 평균 1만 마일을 운전하는데, 새 차도 지금 차처럼 사용한다면 십 년 정도 타지 않을까?"

아빠가 말했어요.

수지가 잠깐 생각에 잠기더니 말을 꺼냈어요.

"그렇다면, 차 종류별로 구입비와 가스 비용을 더해 총 비용을 계산해 보고 결정해야겠네요."

전략 십 년 동안 차에 들어가는 가스 비용을 구한 후 차 구입비를 더해 총 비용을 구해 보자.

지식
① 가스 비용=가스량×2달러
② 가스량=100,000÷연비
③ 연비=1갤런으로 가는 거리

식구들이 하이브리드 자동차를 사기로 결정한 이유는 무엇일까?

차종	구입비	연비	가스량	가스비
스포츠카	27,000달러	25마일	4,000갤런	8,000달러
승합차	25,000달러	25마일	4,000갤런	8,000달러
스포츠 실용차	29,000달러	20마일	5,000갤런	10,000달러
하이브리드 자동차	28,000달러	40마일	2,500갤런	5,000달러

"차 종류별로 가스 소비가 얼마나 되는지 알기 위해서는 운전을 몇 마일이나 하는지를 알 필요가 있어요. 우리가 10년 동안 차를 사용한다고 가정하고 매년 평균 1만 마일을 운행한다면, 전체 운전 거리는 100,000마일(10,000×10)이 나와요. 그리고 가스 사용량을 계산하려면 100,000마일을 1갤런당 수행 거리(연비)로 나누면 돼요."

수지가 말했어요.

제임스가 열심히 계산하더니 수지의 말을 이었어요.

"1갤런당 25마일을 달리는 스포츠카와 승합차는 100,000마일을 달리면 4,000갤런(100,000÷25)을 사용하게 될 거예요. 1갤런당 20마일을 가는 스포츠 실용차는 5,000갤런(100,000÷20)을, 1갤런당 40마일을 가는 하이브리드 자동차는 그것의 반인 2,500갤런(100,000÷40)을 사용하게 돼요.

가스 비용이 1갤런에 2달러이니 스포츠카와 승합차는 각각 8,000달러(4,000×2)가 들고, 스포츠 실용차는 1만 달러(5,000×2), 하이브리드 자동차는 5,000달러(2,500×2)가 들어요.

여기에 차 구입비를 더하면, 스포츠카는 총 3만 5,000달러가 들어요. 승합차는 3만 3,000달러, 스포츠 실용차는 3만 9,000달러고요. 마지막으로 하이브리드 자동차는 3만 3,000달러가 들어요. 이제 결론이 났네요. 승합차와 하이브리드 자동차가 비용이 가장 적게 들어요."

수지네 가족은 승합차와 하이브리드 자동차 중 어떤 걸 살지 고민했어요. 결국엔 환경을 생각해서 가스가 덜 드는 하이브리드 자동차를 사기로 했답니다.

바닥을 칠하려면 페인트 한 통이 더 필요할까?

수지는 사촌 동생 로라에게 생일 선물로 예전에 자기가 가지고 놀았던 장난감 집을 주기로 했어요. 그 장난감 집의 벽과 바닥은 핑크색이에요. 그러나 새 주인이 될 로라는 핑크색보다 하늘색을 좋아해요. 그래서 수지는 장난감 집의 안쪽을 하늘색으로 새로 칠해 로라에게 주기로 했어요.

수지는 장난감 집의 안쪽 벽 길이를 쟀어요. 벽 네 면 중 두 면은 가로 길이가 길었어요. 길이가 긴 두 면의 가로는 10피트, 높이는 6피트였고, 나머지 두 면은 가로와 높이가 6피트로 같았어요. 지붕 안쪽은 페인트칠을 할 필요가 없었어요. 아빠는 핑크색을 하늘색으로 덮으려면 칠을 두 번씩 해야 한다고 말했어요.

"이 색이 마음에 들어. 이 페인트 한 통이면 520제곱피트를 칠할 수 있어."

페인트 가게에서 로라가 하늘색 페인트를 고른 후 말했어요.

"장난감 집의 긴 쪽 면 하나의 넓이는 가로 10피트, 높이 6피트이므로 넓이가 60제곱피트(10×6)야. 두 면의 넓이는 합해서 60의 두 배, 즉 120제곱피트지. 그리고 나머지 다른 면의 넓이는 가로 6피트와 높이 6피트를 곱해서 36제곱피트야. 두 면이니 36의 두 배, 즉 72제곱피트지. 네 면을 모두 합한 넓이는 120에 72를 더해서 192제곱피트야. 그것을 두 번씩 덧칠한다는 것은 넓이가 두 배가 된다는 뜻이고, 192를 두 배하면 모두 384제곱피트야. 그러므로 이 페인트 한 통이면 충분해."

수지는 용돈에서 페인트를 사야 했으므로, 더 이상 돈이 들지 않았으면 했어요.

"바닥도 칠해야지."

아빠가 말했어요.

"아차! 바닥 길이를 재지 않았어요."

수지가 말했어요.

"그럼 다시 집에 가서 바닥 넓이를 재어야 하는 거야? 아니면 부족하지 않게 페인트를 한 통 더 사야 할까?"

로라가 울상을 지으며 물었어요.

전략 네 면 벽의 가로 길이를 통해 바닥의 가로와 세로 길이를 알아낸다.

지식 직사각형의 넓이 = 가로 × 세로

왜 페인트 한 통이면 충분할까?

"로라, 걱정 마. 집에 갈 필요도, 페인트를 한 통 더 살 필요도 없어."

수지가 로라를 보며 말했어요.

"장난감 집의 네 면 길이를 다 알고 있잖아. 두 개의 긴 쪽 면의 길이가 10피트이고, 양쪽 측면의 길이가 6피트인 것을 알고 있으므로, 바닥은 6피트×10피트의 직사각형임에 틀림없어. 그러니 그 넓이는 60제곱피트라는 얘기야. 칠을 두 번 한다는 것은 곱하기 2를 해서 120제곱피트를 칠해야만 한다는 뜻이지. 그래서 벽과 바닥의 넓이를 모두 합하면 총 504제곱피트(384+120)야. 어때? 페인트 한 통이면 충분하겠지?"

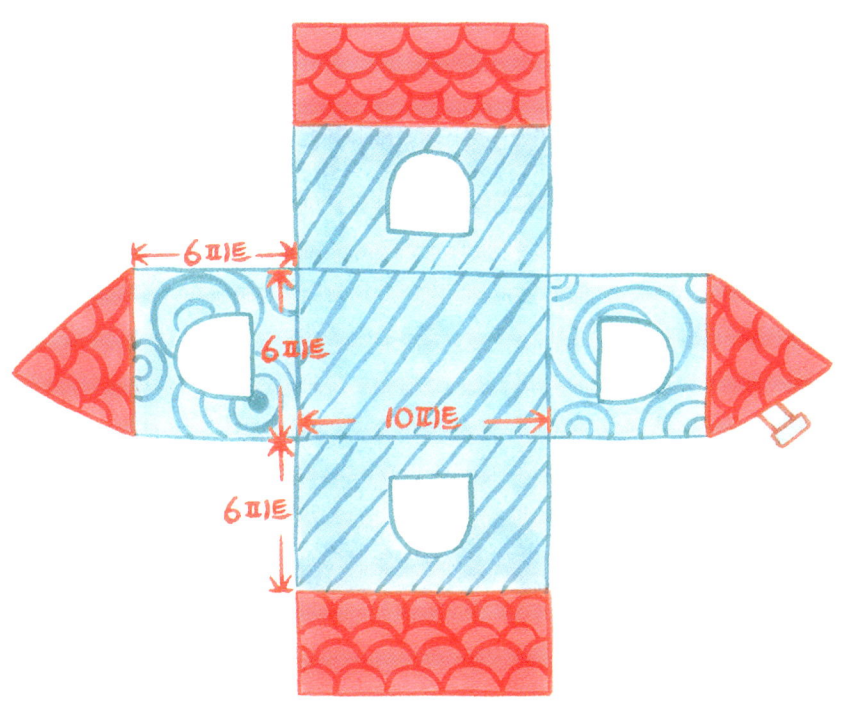

49

아빠의 시리얼을
누가 몰래 먹었을까?

아빠는 2월부터 건강한 몸 만들기를 목표로 정했어요. 그래서 규칙적으로 운동하고 아침 식사로 베이컨과 달걀 대신에 곡물 시리얼만 먹기로 했지요.

아빠는 시리얼 상자에 이렇게 적었어요.

"아빠 것임! 제임스와 케빈은 손대지 말 것!"

그 상자에는 시리얼 700그램이 담겨 있었어요. 하루에 한 컵씩 아침 식사 때마다 먹으면 한 달간 먹을 양이에요. 그래서 다음 달 첫째 날에 새 상자를 먹을 수 있죠.

3월 말의 어느 날, 아빠가 시리얼 상자를 열더니 눈살을 찌푸렸어요.

"이런, 누가 내 시리얼을 먹었군. 아직 한 달이 안 끝났는데 다 떨어지다니……."

아빠는 미심쩍은 눈초리로 제임스와 케빈을 바라보았어요.

"아빠, 우리는 안 먹었어요."

제임스와 케빈이 한목소리로 말했어요.

"그렇다면 누가 내 시리얼을 먹은 거야?"

아빠는 여전히 두 형제가 의심스럽다는 듯이 말했어요.

전략　2월과 3월의 날짜 수를 따져 보자.
지식　하루에 먹는 양 = 시리얼 전체 양 ÷ 날짜 수

시리얼이 모자라지 않게 먹으려면 어떻게 해야 했나?

"첫 번째 상자는 2월 한 달 분량이 딱 맞았어요. 그러나 2월은 28일인데, 3월은 31일이에요."

제임스가 말했어요.

"그래서 이번 달에 700그램을 31일 동안 먹으려면, 지난달보다 양을 적게 드셔야 했어요."

케빈은 종이에다가 나눗셈을 하더니 말했어요.

"700그램을 28일 동안 먹으려면, 25그램씩 먹으면 돼요. 그러나 3월은 31일이니 22.58그램씩 드셔야 했어요. 그러나 걱정하지 마세요. 형과 제 것에서 덜어 드릴게요."

동전의 같은 면이
연달아 나올 확률은?

제임스와 케빈은 농구 경기를 끝낸 후 저녁 식사를 하려고 집에 왔어요. 엄마는 맛있는 저녁을 차렸고, 아빠는 간식으로 먹을 과자를 구웠어요.

케빈이 동전을 꺼내더니 말했어요.

"동전 던지기를 해서 과자 먹기 시합을 하자. 앞면인지 뒷면인지 맞히는 사람이 과자를 먹는 거야. 내가 동전을 던질게, 형이 맞혀 봐."

"앞면."

제임스가 말했어요. 동전은 뒷면이 나왔어요. 케빈이 과자를 먹었어요.

케빈이 또다시 동전을 던지기도 전에, 제임스가 "앞면"이라고 미리 말했어요. 그러나 동전은 뒷면이 나왔어요. 케빈이 또 과자를 먹었어요.

"앞면."

제임스가 연속 세 번 앞면을 말했지만 계속해서 뒷면이 나왔어요. 케빈이 세 번째 과자를 먹었어요.

"언제까지 뒷면이 나오나 보자. 다시 앞면!"

제임스가 말했어요. 그러나 뒷면이 한 번 더 나왔어요.

"형, 이제 뒷면을 불러. 배불러서 과자를 더는 못 먹겠어."

케빈이 배를 만지며 말했어요.

"아니, 계속 앞면을 말할 거야. 뒷면이 또 나올지 궁금하거든."

제임스가 말했어요.

"뒷면이 나올 가능성이라면 동전을 안 던지고도 내가 말해 줄 수 있지."

수지가 끼어들었어요.

"누나가 그걸 어떻게 알아?"

전략 동전을 연속해서 던질 때 어느 한 면이 계속 나올 확률을 구해 보자.

지식 동전 던지기에서 매번 어느 한 면이 나올 가능성은 앞뒤의 결과에 관계없이 50 대 50이다. 즉, 어느 면이든 그 확률은 $\frac{1}{2}$이다.

연속해서 같은 면이 나올 확률을 어떻게 구할까?

"동전 던지기에서는 앞면이든 뒷면이든 나올 가능성은 똑같아. 앞서 동전을 던진 결과가 무엇이었느냐에 상관없어. 또한, 다음 던지기에서도 어느 한 면이 나올 가능성은 여전히 50 대 50이지. 확률로 나타내면, 둘 다 $\frac{1}{2}$이야."

수지가 말했어요.

"응, 그건 나도 알아. 그런데 연속해서 동전을 던질 경우는 확률이 달라지지 않을까?"

제임스가 말했어요

"그래, 달라져. 연달아 나올 확률을 계산하려면 앞의 결과에 계속 $\frac{1}{2}$을 곱해 주면 돼. 동전의 같은 면이 연달아 나올 확률은 두 번의 던지기에서는 $\frac{1}{4}$($\frac{1}{2} \times \frac{1}{2}$)이고, 세 번의 던지기에서는 $\frac{1}{8}$($\frac{1}{2} \times \frac{1}{2} \times \frac{1}{2}$), 네 번의 던지기에서는 $\frac{1}{16}$($\frac{1}{2} \times \frac{1}{2} \times \frac{1}{2} \times \frac{1}{2}$), 다섯 번의 던지기에서는 $\frac{1}{32}$($\frac{1}{2} \times \frac{1}{2} \times \frac{1}{2} \times \frac{1}{2} \times \frac{1}{2}$)이지. 뒷면이 연달아 나올 확률은 횟수가 많을수록 작아지는 것이 사실이야. 그렇다 해도 각각의 던지기에서 앞면이든 뒷면이든 어느 한 면이 나올 확률은 앞의 결과에 관계없이 여전히 $\frac{1}{2}$이지."

수지가 과자를 먹으며 설명을 마무리했어요.

케빈이 쓴 글에서 잘못된 내용은 무엇일까?

케빈은 학교 과제로 이야기를 썼어요. 수지는 우주와 로켓을 좋아하기 때문에, 케빈이 우주여행에 관한 이야기를 쓴 것을 알고 무척 기뻤어요.

이야기는 아래와 같았어요.

옛날에 명왕성으로 우주여행을 간 세 명의 우주 비행사가 있었다. 오래전에 과학자들이 명왕성의 크기가 너무 작다는 이유로 행성에서 빼 버렸었다.
명왕성까지 가는 길은 멀어서 도착하는 데 2광년이나 걸렸다. 우주 비행사들은 그곳에서 외계인들을 만났다. 그들은 우주 비행사들에게 명왕성을 다시 행성에 끼워 주러 온 사람들이냐고 물었다. 우주 비행사들은 명왕성에서 일 년간 머물렀고, 다시 지구로 돌아오는 데 2광년이 걸렸다. 사람들은 우주 비행사들이 명왕성에 갔다 오는 데 왜 6년이나 걸렸는지 궁금해했다. 우주 비행사들은 사람들에게 명왕성에서 만난 멋진 외계인들에 대해 이야기했다. 그러자 사람들은 명왕성을 다시 행성에 포함시키기로 결정했다. (끝)

"와! 멋진 이야기인걸. 그런데 몇 가지 표현을 고쳐도 될까?"
수지가 말했어요.
"어떤 내용을 고쳐야 하는데?"

전략   숫자가 사용된 부분에서 잘못된 오류를 세 군데 찾아보자.
지식   1광년은 진공 상태에서 빛이 1년 동안 이동한 거리다.

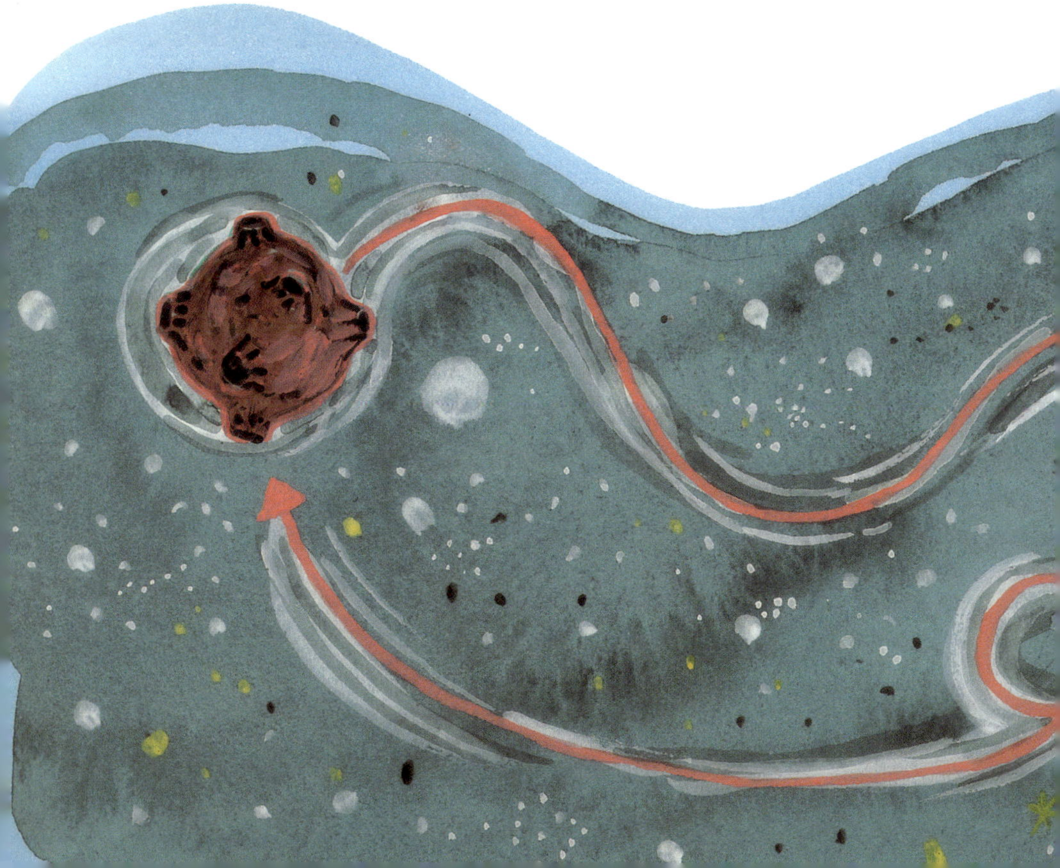

수지는 케빈의 글을 어떻게 고치려고 했을까?

"광년은 시간이 아닌 거리의 단위야. 1광년은 빛이 우주 속에서 일 년 동안 여행한 거리야. 1광년을 미터법으로 바꾸면 약 9조 4,670억 킬로미터나 되는 거리지. 여기 이 글에서 '명왕성까지 가는 길은 멀어서 도착하는 데 2광년이나 걸렸다.'를 '2년이나 걸렸다.'로 고쳐야 해. 또한 지구로 돌아올 때도 2광년이 걸린 게 아니라 2년이 걸렸다로 고쳐야 하고. 마지막으로 우주 비행사들이 지구로 돌아왔을 때, 6년이 아니라 5년이 흘렀다는 것으로 바꿔야 해. 아니면 명왕성에서 1년이 아닌 2년을 보냈다고 고치던가."

케빈은 수지가 지적한 잘못된 곳을 고쳤어요.

시계태엽을
얼마나 자주 감아야 할까?

"진짜 태엽 감는 시계라고?"

제임스가 물었어요.

"옛날 영화에서나 볼 수 있는 귀한 시계?"

케빈이 신기한 듯 시계를 보며 말했어요.

"할아버지가 내게 주셨어. 오늘 낮 시계가 12시 정각을 가리키고 있을 때 할아버지는 시계 작동 방법을 손수 보여 주셨지. 여기 있는 작은 바퀴를 한 바퀴 감아 시계를 작동시켰어."

헥토르가 태엽 시계를 자랑하며 말했어요.

"그런데 지금 시계가 작동하지 않는 거 같은데?"

케빈이 고개를 갸웃거리며 말했어요.

"어라? 시계가 3시에서 멈췄네. 지금이 4시니까 다시 태엽을 감아야겠다."

헥토르가 말했어요.

"태엽을 매일 감으려면 불편하지 않을까?"

제임스가 물었어요.

"아니, 그렇게 자주 감을 필요는 없을 거야."

헥토르는 말을 마치자마자 태엽을 감기 시작했는데, 열여섯 바퀴를 돌리자 다 감겼어요.

헥토르는 계속 말했어요.

"언제 다시 태엽을 감아야 하는지 계산할 수 있어."

"그래? 언제 또 감아야 하는데?"

케빈이 물었어요.

전략　태엽을 완전히 감아서 풀릴 때까지의 시간을 계산해 보자.

지식　작동 시간＝태엽을 감은 횟수×1회 감았을 때 작동하는 시간

헥토르는 언제 또 시계태엽을 감아야 할까?

"모레, 4시야."

헥토르가 대답했어요.

"그것을 어떻게 계산했니?"

제임스가 물었어요.

"할아버지가 태엽을 한 바퀴 감았을 때 시계는 세 시간 동안 움직였어. 그리고 지금 막 나는 열여섯 바퀴를 감았어. 앞으로 48시간(16×3) 동안 멈추지 않고 작동할 거야. 이틀에 한 번씩 시계태엽을 감는 것은 그렇게 힘든 일은 아닐 거야."

수학 수수께끼 15

100자루의 펜을 몇 자루씩 나눠 가져야 할까?

수지는 제임스와 케빈 그리고 사촌 동생 로라가 집으로 들어오는 소리를 들었어요. 그날은 개학하기 며칠 전이었어요. 엄마와 함께 준비물을 사기 위해 쇼핑을 다녀온 거였지요.

엄마는 기본 준비물은 사 주지만, 그 밖에 개인적으로 필요한 물건들은 각자의 용돈에서 사라고 했어요.

동생들이 거실 바닥에 각자 산 물건들을 펼쳐 놓았어요. 그 가운데 펜 100자루가 든 상자가 눈에 띄었어요.

"와, 이거 멋진 펜인걸? 모두들 한 상자씩 샀니?"

수지가 물었어요.

"아니, 용돈이 조금밖에 안 남았었어."

케빈이 말했어요.

"엄마가 작은 것 세 상자를 사는 것보다는 차라리 큰 상자 하나를 사서 나눠 가지라고 하셨어. 그래서 각자 남은 돈을 보태서 이걸 샀어."

제임스가 말했어요.

"이제 낸 돈만큼 펜을 나눠야 하는데, 몇 자루씩 나눠 가져야 할지 모르겠어. 내가 가장 많이 가져야 한다는 건 알겠는데……. 왜냐하면, 내가 8달러를 냈고, 제임스는 2달러 그리고 케빈은 1달러를 냈거든. 언니가 좀 도와줘."

로라가 머리를 긁적이며 말했어요.

전략 1달러에 x자루의 펜을 받는다고 가정하고, 방정식을 세워 x의 값을 구하자. 그다음에 x의 값에 낸 돈의 액수를 곱해 보자.

지식 받을 펜의 개수＝1달러에 해당하는 펜의 수×낸 돈의 액수

수지는 펜을 어떻게 나눴을까?

"케빈은 제일 적은 액수, 1달러를 냈어. 그러니 케빈의 몫을 $1x$라고 하자. 2달러를 낸 제임스의 몫은 $2x$가 되고, 로라는 8달러를 냈으니까 $8x$의 몫을 받으면 돼. 그러면 전체 몫이 $1x+2x+8x$해서 $11x$가 되겠지? 상자에는 100개의 펜이 있으니까, $11x=100$이라는 식을 만들 수 있어. x값을 풀기 위해 양변을 11로 나누면, x는 9가 되며, 펜 하나가 남게 돼. 그래서 케빈은 9자루의 펜을 가지면 되고, 제임스는 그 두 배가 되는 18자루를, 로라는 여덟 배인 72자루를 가지면 돼. 모두 합해서 99자루야. 그리고 남은 한 자루는……"

수지는 남은 펜을 집어 들더니 방으로 들어가며 말했어요.

"계산을 해 준 대가로 내가 가질게."

2장

집 밖에서 수학을 해요!

나무의 높이를 어떻게 잴까?

제임스와 케빈은 방학 때 캠프에 갔어요. 오늘은 캠프에서 재미있는 '도전 과제'를 주었어요. 이 프로그램은 인기가 많아요. 참가자들은 온갖 종류의 별난 도전 과제를 받았는데 동물의 털이나 나뭇잎, 열매 등을 찾아오라는 과제도 있었어요.

제임스와 케빈은 도전 과제를 받고 얼굴을 찌푸렸어요. 과제는 광장 가운데 홀로 서 있는 나무의 정확한 높이를 알아내는 것이었지요. 그리고 그 과제를 해결하기 위한 도구로 막대자와 끈 뭉치, 두 가지만을 받았어요.

"우리 키보다 열 배는 더 큰 나무의 높이를 어떻게 재? 이건 불가능해."

케빈은 눈을 가늘게 뜨고 나무 꼭대기를 쳐다보면서 말했어요. 햇빛이 눈부신 날이었어요.

"도저히 머릿속에 방법이 안 떠올라. 근데 지난 캠프 때, 다른 참가자가 이 도전 과제를 풀었다고 하더라고."

제임스가 말했어요.

두 형제는 머리를 맞대고 생각했어요.

"형, 좋은 아이디어가 떠올랐어. 내가 끈 뭉치를 잡고 있을 테니 형이 끈을 허리에 묶고 나무에 오르는 거야. 나무 꼭대기까지의 끈 길이를 재면 높이를 알 수 있잖아."

케빈이 말했어요.

"나 보고 나무에서 떨어질지도 모를 모험을 하라고?"

제임스가 말했어요.

"좋은 방법이 없을까?"

케빈이 고개를 갸우뚱하며 말했어요.

전략 막대자와 그 그림자의 길이, 그리고 나무 그림자의 길이를 재어 나무에 오르지 않고도 나무의 높이를 알아내는 방법을 생각해 보자.

지식 막대자와 그 그림자의 비율과 나무와 그 그림자의 비율은 같다.

막대자와 끈을 어떻게 이용했을까?

"이렇게 해 보자! 막대자를 땅 위에 세로로 세웠을 때 생기는 그림자의 길이를 재는 거야. 그다음에 나무의 밑동부터 그림자의 끝까지 끈을 풀어 길게 늘인 뒤, 자로 그 길이가 얼마인지 재도록 해."

막대자 길이와 막대자의 그림자의 비는 나무의 높이와 나무 그림자의 비와 같다.

? 미터
30센티미터
20센티미터
2미터

제임스가 말했어요.

"우리는 나무의 높이를 재는 거지, 그림자의 길이를 재는 게 아니라고."

케빈이 투덜거렸어요.

"케빈, 이건 비율에 관한 문제야. 자 길이와 자 그림자의 비는 나무의 높이와 나무 그림자의 비와 같아. 예를 들어 30센티미터짜리 자가 20센티미터 길이의 그림자를 만든다고 가정해 봐. 그림자 길이 20센티미터에 대하여 나무의 높이는 30센티미터의 비율이야. 이 비율대로라면 나무 그림자가 20센티미터일 때 나무 높이는 30센티미터, 나무 그림자가 40(20×2)센티미터일 때 나무 높이는 60(30×2)센티미터, 이렇게 되는 거지. 만약 나무 그림자의 길이가 2미터라고 하자. 나무의 높이는 실제로 안 재어 보고도 3미터라는 것을 알 수 있겠지?"

잔디 깎는 시간을 줄이려면 어느 기계를 사야 할까?

"아빠, 잔디 깎는 기계를 새로 사야겠어요."

제임스가 말했어요. 그는 매주 토요일 아침에 잔디 깎는 일을 맡고 있었어요.

아빠가 낡은 잔디 깎는 기계를 살펴보았어요. 그것은 시동도 잘 안 걸리고, 작동시킬 때마다 털털거리는 소리를 냈어요. 또한 잔디도 깨끗하게 깎이지 않고 풀을 덩어리로 남겼어요.

"그래, 가게에 가서 새 기계를 골라 보자."

아빠가 말했어요.

가게에서 아빠가 물건 하나를 가리키며 말했어요.

"이건 집에 있는 기계의 최신형 모델이야. 칼날의 길이가 똑같이 24센티미터군. 여기 칼날의 길이가 30센티미터인 것도 있구나."

함께 따라간 케빈이 말했어요.

"여기 24센티미터 칼날이 달린 것은 이전 모델보다 20퍼센트나 더 빨리 회전한다고 쓰여 있어요. 그리고 이 기계는 풀을 깔아 주는 기능도 있어요."

"지금 걸리는 시간의 $\frac{8}{10}$ 시간 만에 잔디 깎는 일을 끝마칠 수 있는 것을 사면 좋겠어요."

제임스가 말했어요.

"그러면, 이 둘 중 어느 기계를 사야 하지?"

케빈이 물었어요.

전략 잔디 깎는 시간은 칼날의 회전 속도와 칼날 폭의 길이 중 어느 것과 더 밀접한 관계가 있는지를 조사해 보자.

지식 ① 잔디밭의 넓이 = 칼날의 길이 × 이동 거리
 (칼날의 길이와 이동 거리는 반비례한다.)
② 잔디 깎는 기계가 이동하는 속력이 일정할 때, 이동 시간과 이동 거리는 비례한다.

제임스는 어느 기계를 선택했을까?

"칼날이 빨리 회전한다고 잔디 깎는 시간이 줄어드는 건 아니야. 문제는 잔디 깎는 기계가 잔디밭 위를 얼마 만에 지나가느냐에 달려 있지. 내가 24센티미터 칼날을 쓰면 24센티미터 폭으로 잔디가 깎이고, 30센티미터 칼날을 쓰면 30센티미터 폭으로 잔디가 깎이지. 결국 30센티미터 칼날이 달린 기계는, 24센티미터 칼날이 달린 기계를 쓸 때 걸리는 시간의 $\frac{24}{30}$만큼 걸리게 돼. 분자와 분모를 동시에 3으로 약분해 봐. 그러면 $\frac{8}{10}$(=$\frac{4}{5}$)이 나와."

24센티미터

30센티미터

칼날 길이가 $\frac{10}{8}$배(=$\frac{5}{4}$)로 길어짐.
시간은 $\frac{8}{10}$배(=$\frac{4}{5}$)로 줄어듦.

칼날이 길수록 잔디 깎는 시간이 줄어드는군!

제임스가 말했어요.

"칼날의 길이가 배가 되면, 시간은 반으로 주는 것이 사실이야?"

케빈이 이해가 잘 안 간다는 듯 물었어요.

"24센티미터 칼날로 잔디를 깎을 때의 이동 거리를 a라 하고, 30센티미터 칼날로 깎을 때의 이동 거리를 b라 하면, 넓이는 각각 $24 \times a$, $30 \times b$가 되는 건 알겠지?"

제임스가 설명했어요.

"같은 잔디밭을 깎는 것이니 등식 $24 \times a = 30 \times b$가 성립돼야 해. 여기서, 이동 거리 b는 $b = \frac{24}{30} \times a$가 되어 약분하면, $b = \frac{4}{5} \times a$가 되지. 이것은 30센티미터 기계의 이동 거리가 24센티미터 기계의 이동 거리의 $\frac{4}{5}$라는 뜻이야. 그래서, 일정한 속력으로 기계를 밀 때는 시간이 이동 거리에 비례하므로, 칼날이 30센티미터인 쪽이 24센티미터인 쪽의 $\frac{4}{5}$만큼 시간이 걸리는 거야."

수학 수수께끼 18

울타리를 치려면 철망이 몇 개 필요할까?

수지네 가족은 동물 보호소에서 유기견 한 마리를 입양했어요. 개의 이름을 트레버라 짓고 뒷마당에서 키우기로 했어요.

그러나 그 전에 뒷마당 울타리를 수리해야 했어요. 울타리와 바닥 사이에 틈이 있어서 트레버가 그 사이로 빠져나갈 수 있거든요. 그렇지만 울타리 전체를 수리하기엔 일이 너무 커져서 바닥을 따라 철망을 치기로 결정했어요.

엄마와 함께 철물점에 가기 전에 수지와 제임스는 마당 둘레를 쟀어요. 마당은 직사각형이었어요.

집 벽으로부터 울타리의 한 변이 양쪽으로 4미터씩 더 튀어나와 있었어요. 그리고 집의 폭은 15미터였어요. 마당의 양쪽 측면에 세워진 울타리의 길이는 각각 30미터였어요.

가게에 갔더니 닭장용 철망이 있었는데 20미터짜리 두루마리로 팔았어요.

"두루마리 여섯 개가 필요해."

수지가 말했어요.

"아니야. 그건 너무 많아."

제임스가 말했어요.

"누구 계산이 맞는지 내기할까?"

수지가 말했어요.

전략　울타리의 전체 길이를 구하여 그 길이를 20미터로 나누어 보자.

지식　직사각형에서 마주 보는 두 변의 길이는 같다.

누가 내기에서 이겼을까?

수지가 먼저 설명을 시작했어요.
"우리는 마당 둘레를 철망으로 에워싸야 해. 먼저 둘레를 알아내기 위해 변의 길이를 더해 보자.

집의 폭을 빼고 울타리를 치면 되니까 두루마리 다섯 개면 충분해.

4미터 4미터
15미터
30미터 30미터
23미터
(4 + 4 + 15)

네 변 중에서 두 변의 길이는 각각 30미터니까, 합치면 60미터야. 마당의 모양이 직사각형이므로 다른 두 변도 마찬가지로 서로 길이가 같아. 그 변의 길이는 집의 폭, 15미터에 양쪽으로 튀어나온 울타리 길이, 4미터를 각각 더한 값이지. 그 값은 23미터(15+4+4)이며, 변이 두 개이므로 모두 46미터야. 이것을 다른 두 변의 합 60미터에 더하면 마당의 둘레는 총 106미터가 돼. 20미터짜리 두루마리 다섯 개는 100미터밖에 안 되니, 남은 6미터 때문에 두루마리 여섯 개가 필요한 거야."

"음, 누나가 미처 생각하지 못한 게 있어."

제임스가 이어 말했어요.

"우리는 굳이 집의 폭까지 계산에 넣을 필요는 없었어. 그러니까 누나가 계산한 값에서 집의 폭을 빼야 해. 106미터에서 15미터를 빼면 91미터야. 그래서 20미터짜리 두루마리 다섯 개만 사면 돼."

그들은 철망 다섯 개를 사다가 울타리를 따라 철망을 에워쌌어요. 그리고 오후의 남은 시간 동안 트레버와 함께 즐겁게 놀았어요.

보트로 강을 오르내릴 때 시간 차가 나는 이유는?

제임스와 케빈은 할아버지 댁에 놀러 왔어요. 할아버지는 보트 타기를 매우 좋아해서 얼마 전에 새 보트를 샀지요.

"장담하건대 너희들도 그곳이 맘에 들 거야. 난 늘 여름이면 그곳에 가지."

할아버지가 말했어요.

어느 날씨 좋은 날, 할아버지와 손자들은 낚시터와 식당이 있는 공원까지 하류 쪽으로 보트를 타고 가는 중이었어요.

"할아버지, 얼마나 멀지요?"

케빈이 물었어요.

"20해리 정도 된단다. 1해리는 약 2킬로미터(1,852미터) 정도 되는 거리지."

속도계를 보니 20노트(시간당 20해리의 속력)의 속력으로 달리고 있었어요. 그 속력은 48분간 계속되었어요.

드디어 낚시터에 도착해 반나절 동안 낚시를 했어요. 비록 고기를 한 마리도 낚지 못했지만, 즐거운 하루를 보냈어요. 보트는 돌아올 때도 똑같은 속력을 냈는데 이번에는 1시간 20분이 걸렸어요.

제임스와 케빈은 할아버지가 보트를 묶는 동안 부두에서 이야기를 나눴어요.

"형, 할아버지 보트에 이상이 있는 게 아닐까? 20해리의 거리를 20노트의 속력으로 이동했다면, 보트로 1시간이 걸렸어야 하는데 갈 때나 올 때나 그렇지 않았어. 속도계가 고장났거나, 아니면 할아버지께서 거리를 잘못 아신 게 아닐까?"

케빈이 말했어요.

전략 속력이 같은데 갈 때와 돌아올 때 걸린 시간이 차이가 나는 원인을 조사해 보자.

지식 ① 배의 실제 속력(물살을 따라갈 때) = 배의 원래 속력 + 강물의 속력

② 배의 실제 속력(물살을 거슬러 올 때) = 배의 원래 속력 − 강물의 속력

 **강물의 흐름은 배의 속력에 어떤 변화를 줄까?**

"속력계도 이상 없고, 할아버지 말씀도 맞아."

잠시 생각에 잠겨 있던 제임스가 말했어요.

"강물이 흐르는 속력 때문에 그런 차이가 생긴 거야. 우리가 공원에 갈 때는 강물의 흐름과 방향이 같은 하류 쪽으로 갔어. 방정식을 하나 세워 보자. 48분 동안의 20해리는 1시간 동안의 어떤 해리와 같으므로, $\frac{20}{48}=\frac{x}{60}$라는 식이 만들어져. $\frac{20}{48}$을 분자, 분모 모두 4로 나누어 약분한 후($\frac{5}{12}=\frac{x}{60}$), 이 방정식을 풀기 위해 각각의 분수의 분자에 다른 쪽 분모를 곱해($12x=300$). 그러고 나서 x를 구하기 위해 양변을 12로 나누면 25가 나와. 이것은 실제 속력이 25노트라는 뜻이야. 속력계에 나타난 20노트보다 5노트가 더 빠른데, 그것은 강물의 흐름이 5노트의 속력으로 보트를 밀었다는 뜻이야.

그리고 돌아올 때는 1시간 20분 즉, 80분이 걸렸어. 방정식으로 나타내면 $\frac{20}{80}=\frac{x}{60}$야. 이번에도 $\frac{20}{80}$을 20으로 약분한 후($\frac{1}{4}=\frac{x}{60}$), 각각의 분수의 분자에 다른 쪽의 분모를 곱해($4x=60$). x를 구하기 위해 양변을 4로 나누면, 돌아올 때 속력 x는 15노트야. 이것은 속도계에 표시된 20노트보다 5노트가 느린 거고, 강물의 흐름이 보트의 방향과 반대여서 5노트로 우리를 막았다는 뜻이야."

장난감 비행기를
꺼내는 데 필요한 사다리는?

"제임스 형, 우리 좀 도와줘."

케빈은 친구 카를로스와 함께 장난감 비행기를 가지고 뒷마당에서 놀고 있었는데, 그것이 창고 지붕 위에 내려앉았어요.

창고는 바닥에서 지붕까지 높이가 10피트이고, 5피트 폭의 꽃밭이 둘러싸고 있어요. 비행기를 끌어내리기 위해 밧줄을 던져 보려고 해도 꽃밭에 밧줄이나 비행기가 떨어져 꽃이 망가지기라도 하면 엄마가 화를 낼지 몰라요. 그래서 누군가 사다리를 타고 올라가서 비행기를 꺼내야만 했어요.

"사다리가 있으면 좋겠는데."

제임스가 말했어요.

케빈이 창고로 가서 시옷(ㅅ) 모양으로 펴지는 6피트짜리 발판 사다리를 꺼내 왔어요.

"창고에 일자 사다리가 두 개 더 있어. 하나는 10피트짜리고 다른 하나는 12피트짜리야."

카를로스가 창고 안에서 소리쳤어요.

"6피트짜리 사다리면 충분하지 않을까? 형의 키가 5피트를 넘고, 팔을 뻗친 길이도 생각하면 말이야. 굳이 다른 사다리를 안 꺼내 와도 될 것 같아."

케빈이 말했어요.

"아니, 더 긴 사다리가 필요해."

제임스가 말했어요.

전략 꽃밭을 망가뜨리지 않고 지붕에서 장난감 비행기를 꺼내려면 몇 피트짜리 사다리를 이용해야 할지 생각해 보자.

지식 직각삼각형에서, 빗면의 길이의 제곱은 직각을 낀 두 변의 제곱의 합과 같다. (피타고라스의 정리)

왜 12피트짜리 사다리가 필요할까?

 사다리의 길이의 제곱은 5의 제곱에 10의 제곱을 더한 값, 즉 125를 넘어야 해.

"6피트짜리 발판 사다리를 이용하려면 사다리의 한쪽 다리를 꽃밭 위에 놓아야 해. 그러면 꽃밭을 망가뜨리니까 좋은 방법이 아니야. 일자 사다리 중 하나를 사용해야 해. 너희들, '피타고라스의 정리'에 대해서 아직 안 배웠니?"

"응. 그게 뭔데?"

케빈이 물었어요.

"직각삼각형에서 두 변의 길이를 알고 있을 때, 나머지 한 변의 길이를 알아내는 방법이지."

제임스가 설명하기 시작했어요.

"빗변(가장 긴 변)의 길이의 제곱은 나머지 두 변 각각의 길이의 제곱을 더한 값과 같다, 라는 정리야. 여기에 창고의 높이와 창고에서 사다리 바닥까지의 거리를 대입해 볼까? 이 두 개의 변은 직각을 이루지. 그리고 바닥 지점에서 창고 꼭대기까지의 사다리가 빗변이 되어 직각삼각형이 그려지게 되는 거야.

그러면 화단의 폭에 해당하는 밑변이 5피트, 창고의 높이에 해당하는 높이가 10피트인 직각삼각형이 생겨. 5의 제곱은 25, 10의 제곱은 100, 그리고 그 둘의 합은 125야. 이 값이 빗변의 길이의 제곱이니까 사다리 길이의 제곱이 최소 125를 넘어야 한다는 뜻이지. 10의 제곱은 100이므로, 10피트짜리 사다리는 빗변이 되기에는 충분히 길지 못해. 12의 제곱은 144이니, 12피트짜리 사다리는 그 길이가 충분하지. 자, 알겠니? 아우야, 이제 12피트짜리 사다리를 가져오렴."

안내판만 보고 가장 속도가 빠른 리프트를 알 수 있을까?

수지네 가족은 스키를 타러 갔어요. 그들이 스키장에 도착했을 때, 다행히 사람들이 많지 않아 붐비지 않았어요.

수지와 제임스는 스키를 잘 탔고, 그래서 상급자 코스로 가기로 했어요. 그러기 위해서는 리프트를 타야 했는데, 세 개의 리프트가 차례로 출발하여 각각 다른 코스로 이동하고 있었어요.

리프트 종류	좌석 수 (의자 하나당)	운반 인원수 (시간당)
수직 낙하 리프트	4개	1,200명
하얀 돌풍 리프트	2개	800명
하얀 절벽 리프트	3개	900명

*세 종류의 리프트는 좌석 수는 다르지만 의자 수는 모두 같음.

"가장 속도가 빠른 리프트를 타도록 하자."

수지가 말했어요.

"누나, 어떤 리프트를 이용해야 할까?"

전략   운반 인원수가 많은 리프트가 아니라, 이동 속도가 빠른 리프트를 찾아보자.

지식   시간당 운반 인원수 ÷ 좌석 수 = 시간당 이동 의자 수

  제임스는 리프트의 속력을 어떻게 구했을까?

"'수직 낙하'가 가장 빠르지 않을까? 시간당 '하얀 절벽'이 900명을, '하얀 돌풍'이 800명을 나를 때, '수직 낙하'는 1,200명을 운반하잖아."

수지가 말했어요.

"시간당 운반 인원수가 많다고 속력이 빠른 건 아니야. 차례를 기다리는 줄이 없고, 세 리프트 모두 같은 수의 의자가 있으며, 차례로 출발하고 도착하기 때문이야. 문제는 리프트가 얼마나 자주 사람들을 내려 주느냐에 달렸어. 다시 말해서, 출발 지점에서 도착 지점까지 얼마나 빨리 이동하느냐가 중요해."

제임스가 말했어요.

"제법인걸! 시간당 사람들을 몇 번 내려 주느냐를 계산하기 위해 시간당 운반 인원수를 좌석 수로 나눠 보자. '수직 낙하'(1,200÷4)와 '하얀 절벽'(900÷3)은 300번, 그리고 '하얀 돌풍'은 400번(800÷2)을 내려 주지. 이로써 우리를 꼭대기까지 가장 빨리 데려다 주는 리프트는 '하얀 돌풍'이라는 사실을 알 수 있구나. 우리 '하얀 돌풍 리프트'를 타자."

수지와 제임스는 하얀 돌풍 리프트를 탔고, 신 나게 스키를 즐겼어요.

사료 한 자루와 같은 무게의 말편자는 몇 개일까?

제임스와 케빈은 체험 학습으로 목장 허드렛일을 도왔어요. 둘은 사료 자루들과 말편자를 다락 위로 올려야 했어요. 양 끝에 바구니가 달린 밧줄이 헛간 벽 높은 곳에 붙어 있는 도르래에서 내려뜨려졌어요.

목동 제리가 제임스와 케빈에게 설명했어요.

"바구니에 짐을 실으렴. 그러면 내가 다락에서 바구니를 당겨 올릴 거야. 그사이 또 한 사람은 다른 바구니를 채워야 해. 그러면 내가 처음 바구니를 비운 다음 또다시 바구니를 아래로 내릴 거야. 너희들은 번갈아 가며 사료 자루와 말편자를 싣도록 해."

목동 제리는 말을 마치자마자 다락으로 갔어요. 케빈이 사료 자루들을 바라보았어요. 한 자루당 10킬로그램씩 나갔어요. 반면 말편자는 상자에 담겨 있었는데 무게를 나타내는 표시가 전혀 없었어요.

"이건 공평하지 않아! 사료 자루가 말편자보다 훨씬 무거워."

케빈이 얼굴 가득 불만을 담고 말했어요.

그러자 제임스가 케빈을 진정시키며 말했어요.

"케빈, 말편자 개수도 만만치 않게 많아. 게다가 전부 합쳐서 무게가 얼마나 나갈지도 모른다고. 그래도 형이 누구냐. 우리 둘이 똑같은 양을 일할 수 있는 방법을 알아. 사료 한 자루의 무게와 같은 말편자의 개수를 알아내면 된다고."

"어떻게 알 수 있는데?"

케빈이 물었어요.

전략   10킬로그램에 말편자의 개수가 몇 개나 되는지 도르래를 이용하여 알아내자.

지식   도르래의 양쪽 끈 길이가 같고 바구니가 균형을 이루었을 때, 두 바구니 속 물건의 무게는 같다.

제임스는 도르래를 어떻게 이용했을까?

"도르래를 균형 저울처럼 사용하면 말편자의 무게를 잴 수 있어. 밧줄의 매듭을 묶어 길이를 짧게 해서 바구니가 바닥에 닿지 않게 하는 거야. 그리고 한쪽에는 사료 한 자루를 넣고, 다른 한쪽에는 말편자를 여러 개 담아서 두 바구니의 무게가 균형을 이루게 하자. 여기서 주의할 점은 양쪽 끈의 길이를 같

게 해야 해. 자, 이제 말편자 몇 개가 10킬로그램이 되는지 알 수 있겠지? 그러고서, 매듭을 다시 풀고 한 바구니씩 다락으로 올려 보내는 거야. 이렇게 실어 올리다가 말편자든 사료든 한 쪽이 남는다면, 우리 둘이 교대로 그것을 올리면 공평하겠지?"

 제임스가 말했어요.

안내판을 박으려면 구덩이를 얼마나 크게 파야 할까?

수지네 학교 학생들은 자연 보호 구역을 조성하는 일을 돕고 있었어요. 그곳에서는 토종 식물을 기르고 있었어요. 저학년 학생들은 잔디와 나무를 심었고, 수지가 속한 고학년 학생들은 더 힘든 작업에 배치되었어요.

수지네 반은 나무를 심기 위해 구덩이를 팠어요. 한편, 몇 명의 학생은 안내판을 박을 수 있게 구덩이 파는 일을 했어요. 안내판은 구리로 만들어졌으며 지름이 6피트인 원 모양이라고 했어요. 안내판에는 그들이 사는 지방의 산과 강 그리고 자연물들을 보여 주는 지도가 그려져 있다고 했어요.

안내판이 도착하면, 바로 시멘트를 구덩이에 붓고 안내판을 그 위에 뉘여 고정할 계획이었어요.

수지와 카렌은 깊이가 1피트이고, 넓이는 안내판보다 $\frac{1}{3}$ 만큼 더 큰 구덩이를 파야 했어요.

"우리는 지름이 8피트인 구덩이를 파야 할 거야. 안내판의 지름이 6피트이고, 6의 $\frac{1}{3}$은 2이니까."

카렌이 말했어요.

"카렌, 내 생각엔 계산이 잘못된 것 같은데?"

수지가 말했어요.

전략	지름이 6피트인 원보다 넓이가 $\frac{1}{3}$ 만큼 더 큰 구덩이를 파려면 지름을 얼마로 해야 하는지 연구해 보자.
지식	원의 넓이 = 반지름 × 반지름 × π(파이) * π의 근사값으로 3.14를 쓴다.

원의 넓이를 $\frac{1}{3}$만큼 크게 하려면 지름을 얼마나 늘려야 할까?

"차근차근 다시 계산해 보자고. 안내판은 지름이 6피트인 원이므로, 그것의 반지름은 3피트야. 원의 넓이는 반지름×반지

안내판의 넓이 (3×3×3.14)를 구한 후 3으로 나눈 값만큼 구덩이를 더 크게 파면 돼.

6피트
3피트

지름이 7피트인 구덩이를 파면 되는구나.

름×π(파이)이므로, 안내판의 넓이는 28.26제곱피트(3×3×3.14)야. 우리는 그 값보다 $\frac{1}{3}$ 정도 더 큰 구덩이가 필요하니, 여유 있게 10제곱피트(정확하게 9.42)만큼 더 크게 파는 걸로 하자. 다시 말해서 약 38제곱피트(정확하게 37.68) 크기로 파면 되는 거야."

수지는 덧붙여 말했어요.

"만일 네가 말한 대로 8피트 폭의 구덩이를 만든다면, 반지름은 4피트이고, 그것의 제곱은 16이야. 그 값에 3.14를 곱하면, 약 50.24제곱피트의 구덩이가 나오게 돼. 그것은 필요한 38제곱피트보다 너무 커. 대신에 7피트 폭의 구덩이를 만든다고 해보자. 반지름 3.5피트의 제곱에 3.14를 곱해 넓이를 구하면 38.465제곱피트야."

"그럼 1피트 줄여서 7피트 폭의 구덩이를 파면 되겠구나. 수학 덕분에 일이 훨씬 줄어드네."

카렌은 흙을 한 삽 가득 뜨면서 말했어요.

여행객이 다녀온 길은 어느 길이었을까?

수지네 가족은 산에서 여름휴가를 보내고 있었어요. 강을 보기 위해서는 산 아래로 걸어 내려가야 했는데, 세 가지 길이 있었어요. 안내판에 다음과 같이 쓰여 있었어요.

> 세 개의 산길이 이곳에서 강을 따라 서로 다른 지점으로 이어집니다. 각각의 길은 걸어서 약 두 시간 정도 걸립니다.
>
> **강변길** : 가장 가파른 길. 내려갈 때 30분, 돌아올 때 1시간 30분 예상.
>
> **전망 좋은 길** : 중간 정도의 비탈길. 내려갈 때 40분, 돌아올 때 1시간 20분 예상.
>
> **숲 속 길** : 가장 완만한 길. 내려갈 때 1시간, 돌아올 때 1시간 예상.
>
> **주의** ⋯ 길 중간에 마실 수 있는 물이 없으니 마실 물을 꼭 챙기세요.

수지네 가족은 강 구경을 마치고 온 사람들을 만났어요.

"강을 보고 오셨나요? 어떠셨어요?"

수지가 물었어요.

"좋았단다. 그런데 마실 물이 없는 게 아쉬웠어. 그래서 물을 꼭 가지고 가야 하며, 또한 물이 모자라지 않게 양을 잘 맞춰 마셔야 해. 내려갈 때 가지고 간 물의 $\frac{1}{3}$을 마셨더니, 양이 딱 맞더구나."

그들 중 한 사람이 말했어요.

"아차, 저들에게 어떤 코스를 다녀왔는지 안 물어봤네?"

엄마가 말했어요.

"물어보지 않아도 알 수 있어요."

수지가 자신 있게 대답했어요.

전략 여행객이 마신 물을 이용하여 어떤 길을 다녀왔는지 맞혀 보자.

지식 물의 양을 잘 맞춰 마셨다면, 걸은 시간과 물의 소비량은 비례한다.

물의 소비량으로 어떤 길을 다녀왔는지 알 수 있을까?

"그들은 '전망 좋은 길'을 다녀왔어요. '숲 속 길'은 내려갈 때와 돌아올 때의 시간이 각각 1시간씩 같아요. 그러므로 내려갈 때 물을 절반 마셔도 되지요. '강변 길'은 내려갈 때에 비해 돌

아올 때의 시간이 세 배나 더 걸려요. 내려갈 때 30분이 걸리는 것에 비해 돌아올 때 90분이 걸리니까요. 산 아래에 도착했을 때, 전체 시간 120분의 $\frac{1}{4}$을 걸은 거지요. 마지막으로 '전망 좋은 길'은 내려갈 때에 비해 돌아올 때 시간이 두 배 더 걸려요. 내려갈 때 40분이 걸리고, 돌아올 때 80분이 걸리니까요. 그래서 산 아래에 도착했을 때, 전체 시간 120분의 $\frac{1}{3}$을 걸은 것이지요. 내려갈 때 가지고 간 물의 $\frac{1}{3}$을 마셨다고 했으니까, 전망 좋은 길로 다녀온 거예요."

로켓의 속력을 시속 30마일까지 올리는 방법은?

토요일 아침, 제임스는 친구 패트릭의 집까지 자전거를 타고 갔어요. 패트릭은 모형 로켓을 조립하는 걸 좋아해요.

"너무 멋져서 날리기 아깝겠는걸?"

제임스가 패트릭의 로켓을 보면서 감탄했어요.

패트릭은 모형 로켓을 발사하는 동호회에서 활동하고 있어요. 때때로 낙하산이 펴지지 않아서 불시착하는 바람에 로켓이 여러 대 부서지기도 했어요.

"낙하산이 또 안 펴질까 봐 걱정돼. 설명서에는 로켓의 속력이 시간당 30마일에 이르면 낙하산이 펴지고 하강할 거라고 적혀 있어. 그런데 그걸 실험해 보고 싶어도 그렇게 빠른 속력으로 로켓을 날릴 수가 없어."

패트릭이 말했어요.

"내가 로켓을 들고 자전거를 달리면 가능하지 않을까? 자전거의 속력이 시속 30마일에 이르면 낙하산이 펴질지 알 수 있을 거야."

제임스가 로켓을 손에 들고 자전거에 올라타면서 말했어요.

제임스는 여러 번 시도했으나 낙하산은 펴지지 않았어요. 속도계를 보니 속력이 시속 20마일 이상 나오지 않았어요.

"좋은 방법이 생각났어."

패트릭이 말했어요.

"뭔데? 이야기해 봐."

제임스가 물었어요.

전략 시속 20마일로 달리는 자전거를 타고 로켓의 속력을 10마일 올리는 방법을 생각해 보자.

지식 자전거의 속력＋로켓을 던지는 속력＝로켓의 속력

패트릭은 로켓의 속력을 어떤 방법으로 올리라고 했을까?

"시속 20마일로 자전거를 달리다가 로켓을 날리는 거야. 던지는 속력은 자전거의 속력에 더해질 거야. 그래서 만일 네가 시속 20마일로 달리고 있으면서, 로켓을 시속 10마일로 던진다면, 그것은 시속 30마일로 날아가게 되지."

패트릭이 말했어요.

제임스는 패트릭의 말대로 했어요. 그 일은 한 손으로 자전거 핸들을 조정하면서 다른 한 손으로 로켓을 던져야 하기 때문에 조금은 어려웠어요.

그러나 힘들었던 만큼 보람은 있었어요. 패트릭의 말대로 낙하산이 펴졌거든요.

바닷가에 도착할 때까지의 시간을 예상할 수 있을까?

"아빠, 아직 멀었어요?"

케빈이 뒷좌석에서 물었어요.

케빈은 벌써 여러 번 같은 질문을 했어요. 제임스는 케빈이 얼마 만에 질문을 또 했는지 시간을 재어 보았어요. 제임스의 시계는 스톱워치* 기능이 있었고, 100분의 1초까지 정확하게 표시되었어요. 그들은 바닷가로 가는 중이었고, 제법 거리가 멀었어요.

"그만 좀 보채렴."

엄마가 말했어요.

제임스는 곧 표지판을 발견했고, 거기에는 바닷가까지 91킬

스톱워치 바늘을 마음대로 작동시키며, 시간을 초 이하까지 잴 수 있게 만든 특수 시계.

로미터라고 쓰여 있었어요. 제임스는 바로 스톱워치를 작동시켰다가 1킬로미터 떨어진 다음 표지판에서 정지시켰어요. 1킬로미터 오는 데 72초가 걸렸어요.

"아빠, 너무 지루해요. 얼마나 더 가야 할까요?"

케빈이 기지개를 켜며 말했어요.

"바닷가까지 가는 내내 지금 같은 속력을 유지한다면 한 시간 반 정도 걸릴 거야. 너희가 정확한 시간을 계산해 보렴."

아빠가 말했어요.

"한 시간 반보다 더 걸릴 수 있겠어요."

잠시 뒤에 제임스가 말했어요.

"어떻게 계산했어?"

케빈이 물었어요.

전략 1킬로미터 가는 데 걸린 시간을 이용하여 계산한다.

지식 전체 걸리는 시간 = 바닷가까지 남은 킬로미터 수 × 1킬로미터 가는 데 걸린 시간

남은 거리로 예상 시간을 어떻게 알아냈을까?

"스톱워치에 기록된 시간과 단위 거리 표지판을 이용해 계산했지."

제임스가 스톱워치를 찬 손목을 자랑스럽게 들어 보이며 말했어요.

"바닷가까지 91킬로미터라고 쓰인 표지판에서 시계를 작동시켰다가 다음 표지판에서 시계를 멈췄더니 72초가 걸렸어. 1킬로미터 이동하는 데 72초가 걸린 거지. 바닷가까지 앞으로 남은 거리는 90킬로미터니까 계산하면 얼마가 나올까?"

제임스는 연필을 들고 계산했어요.

"1킬로미터 가는 데 72초가 걸렸으니, 90킬로미터 가는 데 6,480초(72×90)가 걸려. 1분은 60초이므로, 초를 분으로 고치려면 6,480을 60으로 나눠야 해. 그러면 108분이 되지. 즉 1시간 하고도 48분이 더 걸릴 거라는 계산이 나오는 거야."

벽에 있는 얼룩을 가리려면 어떤 액자가 적당할까?

수지네 반은 교실을 단장할 새 물건들을 받았어요. 그림 액자 두 개와 고장 난 벽시계를 대체할 탁상용 시계가 있었어요. 선생님이 낡은 벽시계를 치우자, 그것이 걸렸었던 자리에 검은 얼룩이 있었어요.

"선생님, 시계가 있던 자리에 얼룩이 있어요."

수지가 말했어요.

선생님이 걸레를 가지고 얼룩을 닦아 봤어요. 그러나 얼룩은 지워지지 않았어요.

"새로 페인트칠을 해 달라고 요청하겠지만, 그러려면 시간이 좀 걸릴 거야."

선생님이 말했어요.

"그동안 얼룩이 안 보이게 다른 걸로 가려 놓을까 봐요."

수지가 제안했어요.

얼룩은 지름이 약 10인치 정도의 둥근 모양이었어요.

"이걸로 가리면 어떨까? 한 변의 길이가 11인치인 정사각형인데."

카렌이 액자의 길이를 재면서 말했어요.

"여기 좀 더 큰 것이 있어. 이것은 가로가 20인치이고, 세로가 8인치야."

마리아가 또 다른 그림 액자의 길이를 재면서 말했어요.

선생님이 말했어요.

"좋아, 두 개 다 걸어 보고 정할까?"

그때 수지가 선생님을 말렸어요.

"선생님, 그럴 필요 없어요. 어떤 액자가 적합한지 단번에 알겠는걸요."

전략　넓이가 크다고 얼룩을 다 가릴 수 있는 것은 아니다. 모양을 살펴야 한다.

지식　둥그스름한 얼룩은 길쭉한 액자로 가릴 때, 가려지지 않는 부분이 생길 수 있다.

수지는 어째서 넓이가 작은 액자를 택했을까?

"마리아, 네가 가져온 직사각형 액자는 넓이가 160제곱인치 (20×8)야. 그리고 카렌이 가져온 정사각형 액자는 121제곱인치 (11×11)이지. 넓이를 비교하면 직사각형 액자가 더 넓어. 그러나 우리는 지름이 10인치인 둥근 얼룩을 덮어야 해. 사방으로 최소한 10인치를 덮을 수 있어야 한다는 말이지. 한쪽 방향이 8인치인 직사각형 액자는 얼룩을 다 가릴 수 없어. 그래서 정사각형 액자가 전체 넓이는 작지만 직사각형 액자보다 얼룩을 더 잘 가릴 수 있어."

수지가 정사각형 액자를 걸어 얼룩을 가리며 말했어요.

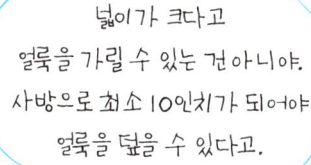
넓이가 크다고
얼룩을 가릴 수 있는 건 아니야.
사방으로 최소 10인치가 되어야
얼룩을 덮을 수 있다고.

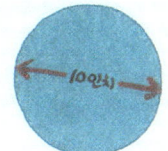

카렌은 스웨터 살 돈을 빌려야 할까?

수지는 카렌과 함께 쇼핑을 갔어요. 카렌은 20달러를 가지고 왔는데, 그 돈은 용돈을 모은 것이었어요. 카렌은 동생에게 생일 선물로 스웨터를 사 주려고 했어요.

그날 아침에 카렌은 신문에서 스웨터를 19.95달러에 살 수 있는 광고를 보았어요. 디자인과 색상 모두 동생에게 잘 어울릴 것 같아 무척 마음에 들었어요. 게다가 1달러 할인권도 있어서 그것을 오려 왔지요.

둘은 신문광고에서 본 스웨터를 발견했어요. 그런데 그 스웨터를 사려면 5.5퍼센트의 판매세를 내야 했어요. 카렌은 돈이 모자란다며 실망했어요.

"수지, 돈을 빌릴 수 있을까? 집에 가서 갚을게."

카렌이 수지에게 말했어요.

"물론이지. 그런데 할인권을 좀 보여 줄래?"

수지가 말했어요.

"응, 여기 있어. 그런데 할인권을 봐서 뭐하려고?"

카렌이 물었어요.

내게 있는 돈은 20달러랑 1달러짜리 할인권뿐!

전략 판매세를 내고 1달러를 할인받을 경우와 1달러를 할인받고 판매세를 내는 경우, 지불 금액이 서로 다를 수 있다.

지식 ① 지불 금액 = 물건 값 + 판매세 = 물건 값 + (물건 값 × 판매세율)
② 지불 금액 = 물건 값 × (1 + 판매세율) = 물건 값 × (1 + 5.5퍼센트)
③ 지불 금액 = 물건 값 × (1 + 0.055) = 물건 값 × 1.055

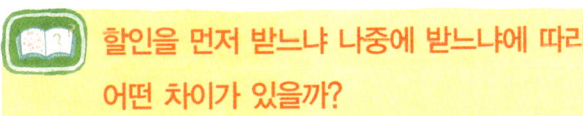
할인을 먼저 받느냐 나중에 받느냐에 따라
어떤 차이가 있을까?

"할인을 판매세를 내기 전의 가격에 적용하느냐, 아니면 낸 후의 가격에 적용하느냐를 알고 싶어서. 어떤 경우냐에 따라서 가격이 달라지거든."

수지가 말했어요.

수지는 휴대 전화를 꺼내서 계산기를 눌러 보았어요.

$$(19.95 - 1\$\text{할인권}) + \text{판매세 } 5.5\% = ?$$
$$(18.95 \times 0.055)$$

할인 후 판매세가 적용된다면 돈이 모자라지 않아.

"5.5퍼센트의 판매세가 부가될 때, 19.95달러에서 얼마를 더 내야 하는가를 알려면, 19.95에 1.055를 곱해서 한 번에 구할 수 있지. 그 결과는 21.04725달러가 나오는군. 21.05달러로 반올림한 후, 할인권의 값 1달러를 빼면, 20.05달러가 되어 5센트가 부족하게 돼. 그러나 먼저 할인권의 값을 빼 준다면, 너는 18.95달러에 대해서만 세금을 내면 되는 거야. 18.95 곱하기 1.055는 19.99225달러가 나오는군. 그러니까, 네가 가진 돈 20달러면 충분해."

다행히 할인권을 보니 먼저 할인한 값에서 세금이 부과되는 것이었어요. 카렌은 수지에게 돈을 빌리지 않고도 스웨터를 살 수 있었어요.

3단계와 5단계 선풍기 중 어느 것을 사야 할까?

"집에 에어컨이 없다니! 너무해요."

제임스가 말했어요.

"이 정도면 여름치고는 괜찮은 날씨야. 내 생각에는 에어컨이 필요하지 않아."

아버지가 말했어요. 수지네 가족은 호수 가까이 있는 별장에서 일주일 동안 휴가를 보내기로 했어요. 그러나 며칠째 더위가 심해서 잠을 제대로 못 잤어요. 하는 수 없이 그들은 선풍기를 사기로 결정했어요.

가게에는 두 종류의 선풍기가 있었어요. 그것들은 크기와 가격이 거의 같았어요.

"바람이 세게 나오는 걸로 구입해요."

제임스가 말했어요.

"이 선풍기는 속력이 5단계인데, 가장 낮은 속력이 200알피엠(rpm)이에요. 아빠, 알피엠이 뭐죠?"

케빈이 물었어요.

"1분당 날개의 회전수란다. 다시 말해, 선풍기 날개가 얼마나 빨리 도느냐를 말하지."

아빠가 말했어요.

"아, 그렇군요. 이 선풍기는 가장 낮은 속력이 200알피엠이고, 다음 네 단계의 속력은 각각 앞 단계 빠르기의 두 배가 된다고 써 있어요. 그렇다면 2단계 속력은 400알피엠이 될 테고, 3단계는 600, 4단계는 800, 그리고 제일 빠른 5단계는 1,000알피엠이라는 뜻이군요. 여기 다른 선풍기는 3단계의 속력만 있지만 가장 빠른 속력이 2,400알피엠이에요. 단계 수는 적지만 바람이 세니까 3단계짜리 선풍기를 사야 해요. 그렇게 생각하지 않으세요?"

"아니, 우리는 5단계짜리 선풍기를 사야 해."

케빈의 의견에 수지가 반대하며 말했어요.

전략	5단계 선풍기의 속력을 각 단계에 따라 차근차근 다시 계산해 보자.
지식	각각 앞의 것의 2배가 된다는 것은, 1, 2, 4, 8, 16…배로 늘어난다는 뜻이다.

수지는 5단계 선풍기의 최고 속력을 어떻게 계산했을까?

"잘 생각해 봐. 선풍기의 각 단계의 속력이 앞 단계의 두 배가 된다고 한 것을. 그것은 바로 앞 단계의 속력을 두 배로 해야 한다는 뜻인데, 너는 처음 속력에서 계속 속도를 두 배, 세 배…… 식으로 증가시켰지."

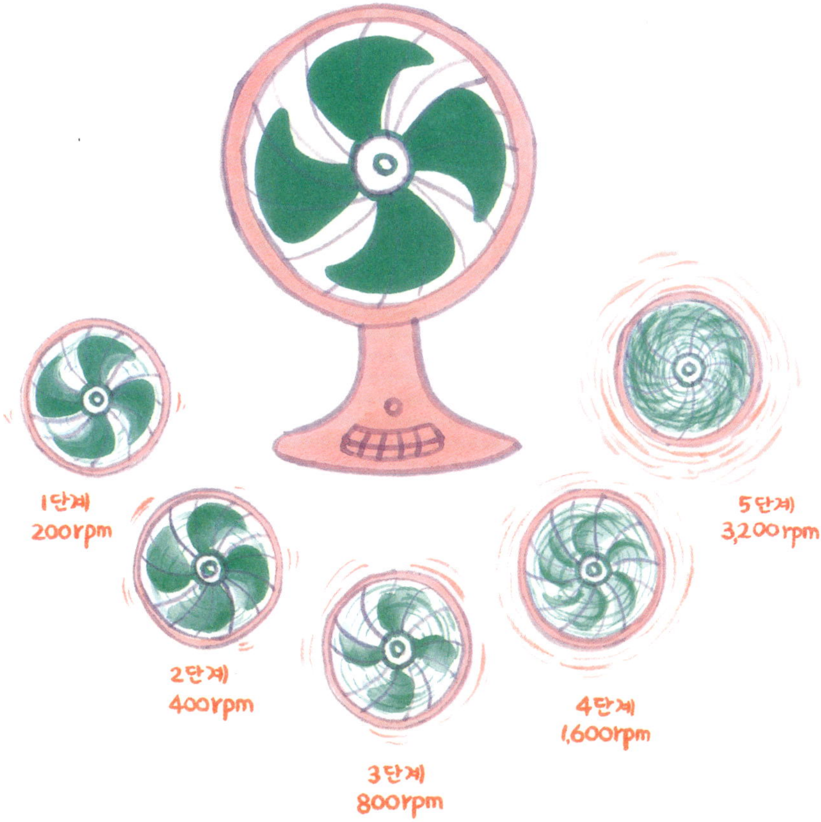

1단계 200rpm
2단계 400rpm
3단계 800rpm
4단계 1,600rpm
5단계 3,200rpm

수지는 5단계짜리 선풍기를 한 단계 한 단계 작동시키며 말을 이었어요.

"자, 나랑 다시 계산해 보자. 처음 속력이 200알피엠이므로, 2단계는 그 두 배인 400이 될 테고, 3단계는 400의 두 배인 800이 되고, 4단계는 800의 두 배인 1,600이, 그리고 마지막 5단계는 1,600의 두 배인 3,200알피엠이 될 거야. 어때? 3단계짜리 선풍기보다 최고 속력이 더 빠르지?"

연체료를 물까 책 구입비를 낼까?

"수지, 학교 도서관에서 대출한 책을 반납 안 했니? 오늘 도서관에서 네 앞으로 편지가 왔단다. 네가 책을 대출한 지 80일이나 되었는데 아직 반납하지 않았다고 하는구나. 대여 기간은 2주일인데 말이야."

수지가 학교에서 돌아오자마자, 엄마가 물었어요.

"아무래도 책을 잃어버렸나 봐요. 어떻게 하죠?"

난감한 표정으로 수지가 말했어요.

"봐라, 편지에 이렇게 적혀 있어. 하나는 책을 돌려주고 연체료를 무는 방법, 또 하나는 대체 도서 구입비를 내는 방법. 둘 중 한 가지 방법을 택하려무나."

엄마가 말했어요.

"각각 돈이 얼마나 들까요?"

수지가 물었어요.

"연체료는 책이 연체된 날 수에 대해 하루에 100원씩 물어야 하고, 네가 빌린 책의 값은 7,500원이야."

엄마가 말했어요.

다음 날, 도서관에 갔더니 도서관 직원이 수지에게 물었어요.

"학생, 연체된 책에 대해 어떻게 할 건가요?"

전략 연체료가 책 구입비보다 적게 나오는 기간 동안에는 책을 찾아본다.

지식 ① 연체료 = 연체한 날짜 수 × 100원
② 연체한 날짜 수 = 빌린 날짜 수 − 14(2주일)

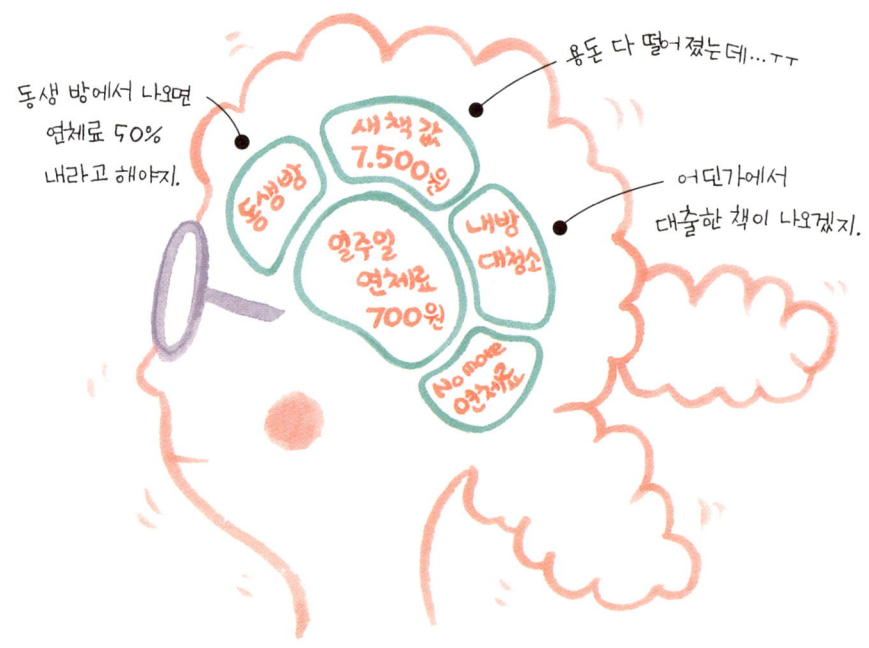

 **수지는 책 구입비를 내기 전에
며칠 동안 더 책을 찾아볼 수 있을까?**

"죄송해요. 책을 잃어버려서 아직 찾고 있는 중이에요. 어제가 책을 빌린 지 80일째 되는 날이니 오늘은 81일째 날이군요. 그러나 책 대여 기간이 2주일, 즉 14일이므로 연체된 날은 67일(81-14)이에요. 연체료가 하루에 100원씩이니, 아……, 총 6,700원(67×100)이네요. 그래서 일주일 동안 더 책을 찾아보려고요. 일주일이 늦어지면 연체료가 700원 늘어나죠. 일주일 후의 연체료는 모두 7,400원(6,700+700)이에요. 그래도 여전히 책 구입비 7,500원보다 100원이 적게 드니까요."

수지는 자세하게 설명했어요.

"나는 학생이 일주일 안에 책을 찾길 바라요!"

도서관 직원이 말했어요.

카세트의 숫자판으로 시간을 잴 수 있을까?

제임스는 여름방학 때 2주일간 캠프를 떠났어요. 첫날 오후 캠프 참가자들은 두 시간의 자유 시간을 가졌어요. 캠프에는 어떠한 전자 제품도 가져올 수 없었어요. 심심하던 차에 아이들은 캠프장에서 낡은 카세트*와 카세트테이프를 몇 개 발견했어요. MP3플레이어에 익숙한 아이들은 카세트가 신기했어요.

"카세트다. 그런데 어떻게 음악을 틀지?"

안소니가 물었어요.

제임스는 '베스트 음악 60곡과 1시간을'이라는 제목이 붙은 카세트테이프를 꺼냈어요.

"자, 여기에 카세트테이프를 넣고 재생 버튼을 눌러. 여기 보

카세트 카세트테이프를 사용하여 소리를 녹음하거나 재생할 수 있도록 만든 기계

이는 숫자는 카세트테이프가 돌면서 증가할 거야. 카세트테이프가 다 돌면, 뒤집어서 반대편을 재생시키면 돼."

제임스는 145를 나타내고 있는 숫자판을 가리키며 말했어요.

아이들은 카세트테이프의 처음부터 끝까지 전체를 다 들었어요. 그리고 숫자판을 보니 865였어요.

"「헤이 주드(Hey Jude)」는 카세트테이프에 있는 노래 중에서 가장 긴 노래가 틀림없어."

안소니가 말했어요.

"아니야, 「빌리진(Billie Jean)」이거나 아니면 다른 곡일 거야."

제임스가 말했어요.

"우리에게 시계가 있다면, 노래를 다시 들어 보면서 시간을 잴 수 있을 텐데."

안소니가 말했어요.

"아니야, 시계 없이도 카세트의 숫자판을 이용하면 시간을 잴 수 있어."

제임스가 숫자판을 가리키며 말했어요.

전략 카세트테이프 전체를 다 듣는 데 1시간이 걸린다는 것과 그동안에 숫자판의 숫자가 145에서 865로 증가했다는 것을 이용해 보자.

지식 1시간(60분, 3600초)÷1시간 동안 증가한 숫자의 양=숫자가 1만큼 증가하는 데 걸리는 시간

제임스는 어떻게 시계 없이 노래의 길이를 알았을까?

"카세트테이프는 60분간 재생됐고 그동안 숫자판의 숫자는 145에서 865까지 증가했어. 865에서 145를 빼면 720이야. 이로써 60분 동안 숫자가 720만큼 증가한 것을 알 수 있지. 이제, 1분 동안에 숫자가 얼마나 증가했는지 알려면, 720을 60으로 나누어 보면 돼. 그 값은 12야. 이것은 1분 동안에 숫자가 12만큼 증가했다는 뜻이지."

제임스는 잠시 멈추었다가 설명을 계속 이어 갔어요.

"또한 1분은 60초이므로 60초를 12로 나누면 5초가 나와. 이것은 숫자판의 숫자가 1씩 증가하는 데 5초가 걸렸다는 뜻이지."

"아, 무슨 얘긴지 알겠어. 숫자가 1씩 증가할 때마다 5초가 걸리니까, 증가 폭을 알면 시간도 알 수 있겠구나."

안소니가 고개를 끄덕이며 말했어요.

"그렇지. 노래가 시작하는 지점의 숫자를 보고 끝날 때까지 숫자가 얼마나 증가하는지를 알아내서, 그 값에 5초를 곱해 봐. 그것이 노래가 재생되는 시간이야."

제임스가 설명을 마무리했어요.

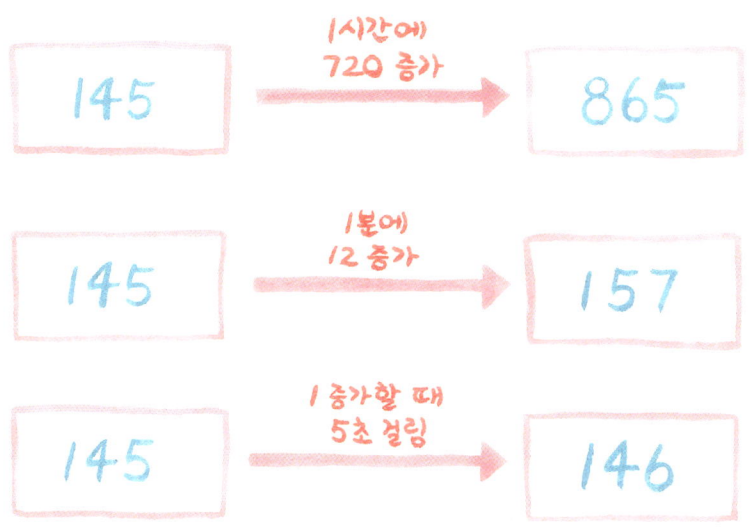

3장

운동하면서 수학을 해요!

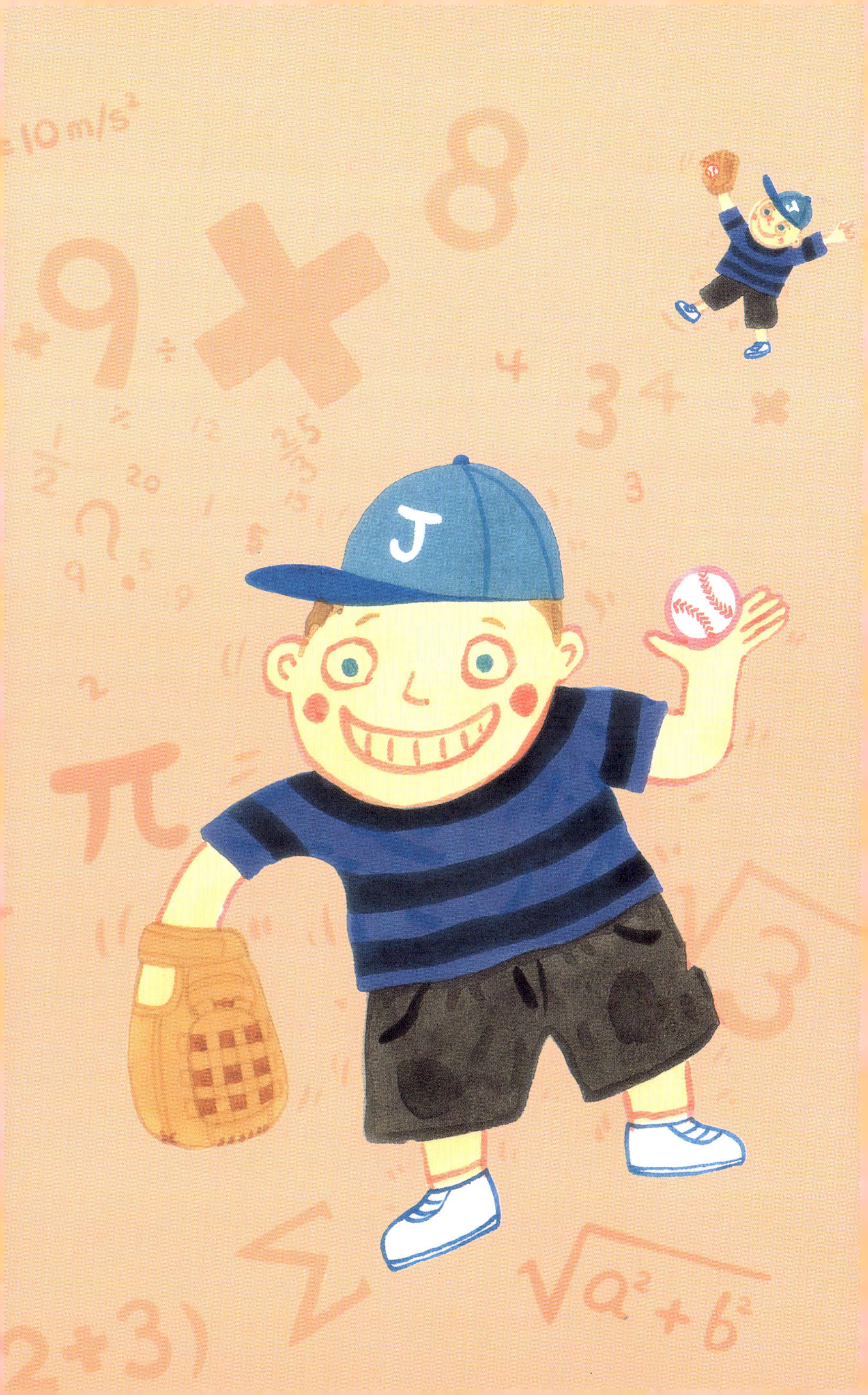

조각수가 많다고
더 많은 피자를 먹은 것일까?

수영 강습이 끝나고, 수지네 남매와 몇몇 친구들은 따로 남아 수영장을 몇 바퀴 더 돌며 연습하기로 했어요. 그런데 배가 너무 고팠어요.

"피자 먹고 할까?"

수지가 묻자 모두들 좋다고 했어요.

"피자 위에 어떤 토핑을 올릴까?"

소시지, 양송이, 올리브, 불고기 등등 다양한 주문이 쏟아졌어요. 몇 명은 치즈를 원했어요.

"좋아, 세 명은 그냥 그대로 먹길 원하고, 네 명은 원하는 토핑으로 주문할게. 이거 주문할 때 신경 써야겠는걸."

수지가 말했어요.

30분도 채 지나지 않아 두 개의 대형 피자가 배달되었어요.

그것들은 전체 크기는 같았지만, 조각 개수는 달랐어요. 토핑이 없는 피자는 여섯 조각으로 나뉘었고, 토핑이 있는 피자는 12조각으로 나뉘었어요. 그리고 12조각짜리 피자는 세 개의 조각마다 네 가지 토핑 중의 하나가 각각 놓여 있었어요.

제임스는 토핑 없는 피자를 원했던 세 명의 소년 중 한 명이었어요. 제임스와 다른 두 명은 각각 피자를 재빨리 두 조각씩 먹었어요.

제임스는 수지가 소시지 토핑이 있는 세 번째 피자 조각을 먹는 것을 바라보더니 말했어요.

"이건 공평하지 않아! 누나는 세 조각을 먹는데 나는 두 조각을 먹잖아."

"아니야, 조각 수는 내가 많지만 양은 네가 더 많아."

수지가 말했어요.

전략	피자 한 판을 1로 보고 두 사람이 먹는 양을 분수로 나타내어 크기를 비교해 보자.
지식	① 분모가 같은 두 분수는 분자가 큰 쪽이 더 크다. ② 분자가 같은 두 분수는 분모가 작은 쪽이 더 크다.

수지는 두 분수의 크기를 어떻게 설명했을까?

"두 피자는 크기가 똑같아. 토핑 없는 피자는 6조각으로 나뉘었고, 그중 너는 두 조각을 먹었지. 그것은 $\frac{2}{6}$, 즉 $\frac{1}{3}$을 먹은 거야. 토핑을 얹은 피자는 12조각으로 나뉘었고, 나는 3조각을 먹었어. 그것은 $\frac{3}{12}$, 즉 $\frac{1}{4}$이야. 네가 먹은 $\frac{1}{3}$은 내가 먹은 $\frac{1}{4}$보다 더 큰 거야."

"그래도 나는 여전히 누나가 더 많이 먹는다고 생각해."

제임스가 말했어요.

"그렇다면 이렇게 생각해 보자. 6조각으로 나눈 토핑 없는 피자를 각각 2조각으로 나눠서 12조각으로 만들어 봐. 내가 $\frac{3}{12}$을 먹는 동안 넌 $\frac{4}{12}$를 먹은 거라고. 이래도 누나가 더 많이 먹었다고 의심할 거야?"

바람은 골프채 선택에
어떤 영향을 줄까?

수지와 아빠는 골프 수업을 받고 있어요. 첫 번째 홀에서, 그들은 드라이브*를 쳐서 잔디에 공을 잘 떨어뜨렸어요.

"아빠, 공이 그린*에서 150야드 떨어져 있네요."

수지가 말했어요.

"좋아, 강사가 150야드는 내가 6번 골프채로 칠 수 있는 거리라고 했어."

아빠가 골프채를 꺼내어 연습 동작을 했어요. 그런데 모자가 뒤로 훌렁 벗겨져 날아가는 바람에 제대로 휘두르지 못했어요. 그 광경을 보고 수지는 깔깔대고 웃었어요.

드라이브　1번 우드(가장 긴 골프채)로 가장 멀리 치는 샷을 말한다.
그린　잔디를 짧게 깎고 잘 다듬어 공을 굴려 홀컵에 넣을 수 있게 한 지역을 말한다.

아빠는 평소에 하던 방식으로 공을 쳤어요. 그러나 공이 홀컵이 있는 지역에서 30야드 못 미친 곳에 떨어졌어요.

다음 코스는 앞의 코스와 나란히 놓여 있었지만, 진행 방향이 반대였어요. 이번 코스에서도 아빠는 그린에서 대략 150야드 떨어진 지점에서 다시 공을 쳐야 했어요.

"강사가 그러던데, 골프채의 번호가 하나씩 낮아질 때마다 공을 15야드씩 더 멀리 칠 수 있대. 6번 골프채로 120야드를 쳤으니, 이번에 30야드 더 멀리 치기 위해서는 2단계 낮은 4번 골프채를 선택해야겠구나."

아빠가 말했어요.

"아빠, 나라면 그렇게 하지 않을 거예요."

전략   코스의 방향이 반대이므로 바람의 방향 또한 바뀐 것을 고려해서 계산해 보자.

지식   바람의 영향을 받지 않을 때 6번 골프채로 150야드를 칠 수 있다. 골프채의 번호가 하나씩 낮아질수록 공을 15야드씩 더 멀리 칠 수 있다.

수지는 바람의 방향을 어떻게 적용했으며,
몇 번 골프채를 선택했을까?

"첫 번째 홀에서 아빠는 공이 150야드 정도 날아갈 수 있는 샷을 쳤어요. 그러나 그 공은 바람 때문에 120야드를 날아갔어요. 아빠의 모자를 벗긴 바람이 공을 30야드, 다시 말해서, $\frac{1}{5}$(30은 150의 $\frac{1}{5}$)을 덜 날아가게 한 거예요."

수지는 설명을 계속했어요.

"이번 홀에서, 아빠와 나는 반대 방향으로 공을 쳐야 하는데

그건 우리 뒤쪽에서 바람이 분다는 뜻이에요. 그래서 바람이 아빠의 공을 늘을 더 나아가게 할 거예요. 그러니 공이 30야드 정도 더 멀리 날아갈 것을 고려해서 120야드 정도 칠 수 있는 골프채를 선택해야 해요. 아빠는 평소에 6번 골프채로 150야드를 치며, 번호가 하나씩 올라갈 때마다 공이 날아가는 거리가 15야드씩 줄어드니까 이번에 8번 골프채를 사용해야만 해요."

출전 자격을 얻으려면 몇 점을 더 받아야 할까?

"주 챔피언 대회에 나가려면 점수가 몇 점이 돼야 하지?"
수지가 물었어요.
"33.5점이 돼야 해."
카렌이 대답했어요.

수지와 카렌은 지역 체조 경기에 참가하고 있어요. 이 대회는 주 챔피언 대회에 나갈 자격을 얻을 수 있는 대회예요. 둘은 네 종목-도마, 이단 평행봉, 평균대, 마루운동-에서 경쟁하고 있는데, 각 종목은 10점 만점으로 채점했어요.

수지와 카렌은 둘 다 주 챔피언 대회에 나갈 수 있기를 꿈꿨어요. 평균대와 이단 평행봉, 두 종목을 마친 후 카렌은 합계 17.25점을 받았으나, 수지는 16.5점을 받았어요.

"나는 주 챔피언 대회 출전 자격을 못 얻을 거야."

수지가 시무룩하게 말했어요.

"수지, 넌 할 수 있어. 네가 자신 있는 마루운동과 도마가 아직 남아 있잖아. 그 종목에서 네 평균 점수는 얼마지?"

카렌이 수지의 어깨에 손을 얹으며 물었어요.

"마루운동은 8.75점이고 도마는 8.25점이야. 그 종목에서 네 평균 점수는 몇 점인데?"

수지가 물었어요.

"각각 8점이야."

카렌이 말했어요.

"우리가 주 챔피언 대회에 출전하려면, 한 사람은 평균 점수만 받으면 되고, 다른 한 사람은 평균 점수보다 더 높은 점수를 받아야만 해."

수지가 말했어요.

"그게 무슨 소리야?"

전략 앞으로 받아야 할 점수를 알아보고, 남은 두 종목의 평균 점수의 합과 비교해 보자.

지식 자격 점수 − 현재 받은 점수 = 앞으로 받아야 할 점수

수지와 카렌 중 누가 평균 점수 이상을 받아야 했을까?

시상식이 끝났어요. 다행히 수지는 종합 점수 33.5점을 받아 주 챔피언 대회에 나갈 수 있게 되었어요. 한편 카렌은 34.25점을 얻어, 역시 출전 자격을 얻었어요.

수지가 말했어요.

"두 종목을 마쳤을 때 내 점수는 16.5점이었지. 주 대회에 나가려면 남은 두 종목에서 합계 17점(33.5-16.5) 이상을 받아야

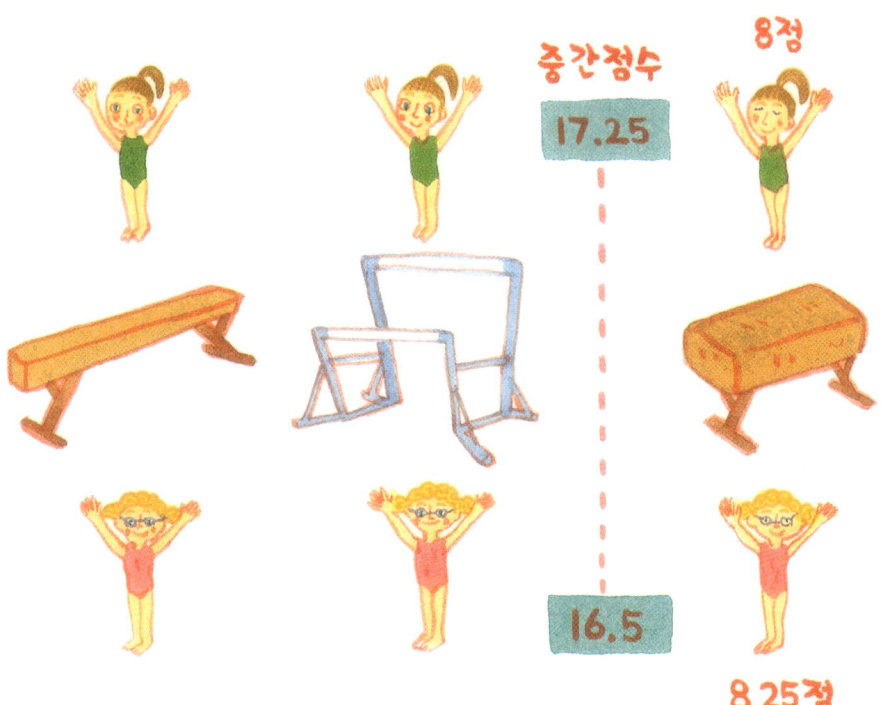

했어. 나머지 두 종목에서 내 평균 점수는 8.75점과 8.25점이었는데, 합하면 17점이야. 그래서 내가 평균 점수만 받는다면, 33.5점이 된다는 것을 알게 되었지. 너는 처음 두 종목에서 17.25점을 받았고, 나머지 두 종목에서 16.25점(33.5-17.25) 이상을 받아야 했어. 그러나 너는 남은 두 종목의 평균 점수가 각각 8점이니, 합계 16점이고 평균 점수보다 0.25점이 모자랐지. 그래도 실력 발휘를 해서 우리 둘 다 주 챔피언 대회에 출전할 수 있어 기쁘다!"

평균 키가 큰 농구 팀이 이길 가능성이 클까?

"선생님, 우리 학교는 상대 팀과 제대로 붙어 보지도 못하고 경기에서 질 거예요."

가브리엘이 투덜거렸어요. 제임스네 반 아이들은 전국 학교 대항 농구대회에 관한 이야기를 하고 있었어요. 학교 농구 팀 이름은 드래곤스인데, 이웃해 있는 학교 농구 팀 치타스와 경기하기로 되어 있었어요.

"치타스 선발 선수들의 평균 키가 5피트 9인치래요. 가장 큰 선수가 6피트 2인치이고, 그다음으로 6피트 1인치, 나머지 세 명은 키가 같대요."

로건이 말했어요.

"상대 팀은 키가 커서 우리 학교 농구 팀보다 이길 가능성이 훨씬 커요. 우리 팀에서 가장 큰 선수인 윌리엄이 6피트예요.

다른 네 명의 선발 선수들의 키는 5피트 7인치이거나 5피트 8인치인데 그 아이들도 상대 팀 평균 키보다 작다고요."

가브리엘이 말했어요.

"가브리엘, 난 그렇게 생각하지 않아. 난 오히려 우리 팀이 이길 가능성이 있다고 봐."

제임스가 말했어요.

"제임스, 무슨 황당한 소리니?"

가브리엘이 기가 막히다는 표정으로 말했어요.

전략	상대 팀 선수들의 평균 키로 5명의 키의 총합을 구한다. 그리고 이미 정확한 키가 밝혀진 두 명의 키를 뺀다. 그 값을 가지고 나머지 세 명의 실제 키를 조사해 보자.
지식	① 5명의 키의 총합 = 키의 평균값 × 5 ② 1피트 = 12인치

상대 팀 선수 세 명의 정확한 키는 얼마일까?

"상대 팀 평균 키가 5피트 9인치라고 했어. 1피트는 12인치니까 한 선수당 69인치(12×5+9)라는 말과 같아. 그래서 그들의 키를 인치로 환산해 모두 합하면 345인치(5×69)야."

제임스가 계속 설명했어요.

"이제, 정확한 키를 모르는 나머지 세 명의 실제 키를 구해 볼까? 6피트 1인치인 선수의 키를 인치로 환산하면 73인치이고, 6피트 2인치인 선수는 74인치야. 두 선수의 키를 합하면

우리 키는 5피트 6인치.

우리 팀보다 작은 선수가 세 명이나 돼.

6피트 1인치 | 6피트 2인치 | 5피트 6인치 | 5피트 7인치 | 6피트 | 5피트 7인치 | 5피트 8인치 | 5피트 8인치

147인치가 나오지. 키의 총합 345인치에서 147인치를 빼면 198인치야. 이것은 다른 세 선수 키의 합이지. 세 선수의 키가 모두 같으니까 그들 각각의 키는 66인치(198÷3) 즉, 5피트(60인치÷12) 6인치야. 반면 우리 학교 선발 선수의 키는 적어도 5피트 7인치이거나 5피트 8인치야. 팀끼리 비교했을 때 상대 팀은 큰 선수가 두 명이지만, 우리 팀 다섯 명보다 작은 선수가 세 명이나 있다고. 그러니 해볼 만한 경기라는 얘기지."

정사각형과 원 중에서 어느 쪽이 더 유리할까?

 깃발 빼앗기는 체육 수업에서 가장 인기 있는 경기예요. 경기 방법은 간단해요. 선을 가운데 두고 양 팀은 서로 반대편에 자리를 잡아요. 그리고 선을 넘어가서 상대편 깃발을 먼저 가져오는 팀이 이겨요. 이때 상대 팀 선수에게 몸이 닿으면 포로가 돼요.
 각 팀은 두 명의 선수가 자기 팀의 깃발을 지키는데, 상대 팀에서 건너온 선수가 깃발을 잡으러 다가가지 않는 한 깃발로부터 일정한 거리에 떨어져 있어야 해요.
 선생님이 수지에게 분필과 20피트짜리 끈을 주며 말했어요.
 "이걸로 너희 팀의 수비 선수가 방어할 지역을 그리도록 해라. 방어 지역의 폭은 끈의 길이만큼이어야 한다."
 "알겠습니다, 선생님. 그런데 원으로 하나요, 정사각형으로 하나요?"

수지가 물었어요.

"상대 팀은 정사각형을 만들었단다. 그러나 모양은 너희 팀이 원하는 것으로 할 수 있어. 1분간 시간을 줄 테니 잘 생각해 보거라."

선생님이 시계를 보며 말했어요.

"더 이상 생각해 볼 필요 없겠네요."

수지가 자신 있게 말했어요.

"어떤 것으로 결정했니?"

선생님이 궁금한 얼굴로 물었어요.

전략	끈의 길이(20피트)를 한 변으로 하는 정사각형의 넓이와, 끈의 길이를 지름으로 하는 원의 넓이를 비교해 보자.
지식	① 정사각형의 넓이 = 가로 × 세로 ② 원의 넓이 = 반지름 × 반지름 × π(파이) * π의 근사값으로 3.14를 쓴다.

수지는 어떤 도형을 그렸을까?

"이것은 넓이에 관한 문제네요. 각 변이 20피트인 정사각형은 넓이가 400제곱피트(20×20)예요. 원의 넓이는 반지름의 제곱에 π(파이)를 곱해요. 반지름은 지름의 반이에요. 그래서 지름이 20이라면, 반지름은 10이고, 그것의 제곱은 100이죠. 여기에 π(파이)의 값으로 3.14를 곱하면 314제곱피트가 돼요. 이 값은 우리 수비수가 방어하기에 보다 작은 공간이에요. 그러니 우리 팀은 원을 그리겠어요."

누구의 타율이 가장 많이 증가했을까?

"4타석 4안타를 치다니! 우리 셋 모두가!"

제임스가 말했어요.

제임스와 헥토르 그리고 데이비드는 야구 경기에서 이긴 후 축하 파티를 하고 있었어요.

오늘 경기에서 그들 셋은 모두 매 타석에서 안타를 날렸어요. 경기의 규약에서, 선발 선수는 4번까지만 타석에 설 수 있게 제한했어요. 그리고 이번 경기가 시즌 여섯 번째 시합이므로, 그들 각각은 앞의 다섯 경기까지 참가한 타석이 20타석을 기록한 상태였어요.

다섯 번째 경기까지, 제임스는 평균 타율이 0.400이었고, 헥토르는 0.250, 데이비드는 0.200이었어요.

헥토르가 부러운 목소리로 말했어요.

"제임스, 이번 경기로 타율이 많이 올랐겠네."
제임스가 말했어요.
"나보다는 너와 데이비드에게 뜻깊은 경기가 되었을걸?"
"무슨 소리. 네가 우리 셋 중에서 평균 타율이 가장 높잖아."
데이비드가 말했어요.
"타율은 가장 높지만 증가율을 따져 보면 결과가 다를 거야."
제임스가 말했어요.

전략 20타석까지의 안타 수를 구한 후 4안타를 더하자. 그리고 24타석에 대한 타율을 다시 구해서 비교해 보자.

지식 ① 평균 타율＝안타 수÷타석 수
② 안타 수＝타석 수×평균 타율

안타 수와 타석 수로 타율의 증가율을 어떻게 구했을까?

"평균 타율은 안타 수를 타석 수로 나눈 값이지. 먼저, 오늘 게임 전까지 우리가 기록한 안타 수를 알 필요가 있어. 안타 수는 타석 수에 평균 타율을 곱해서 구할 수 있어. 우선 나의 안타 수는 20타석까지 평균 타율이 0.400이므로 8개(20×0.400)야. 헥토르는 20타석에 0.250의 평균 타율을 곱해 보니 5개의 안타를 쳤고, 20타석까지 0.200의 타율을 기록한 데이비드는 4개의 안타를 쳤어."

제임스의 설명을 들더니 데이비드가 고개를 끄덕이며 말했어요.

"알겠어. 그런데 오늘 경기 후에 우리 모두는 타석이 4회 늘어나서 24타석이 되었고, 안타 수도 4개가 더 늘어났어. 그래서

	20타석 평균 타율	10타석 안타 수	20타석 안타 수	24타석 안타 수	24타석 평균 타율
J	0.400	4개	8개	12개	0.500 (0.100↑)
H	0.250	2.5개	5개	9개	0.375 (0.125↑)
D	0.200	2개	4개	8개	0.333 (0.1333↑)

제임스, 너는 이제 24타수에 12안타, 즉 2타석마다 1개의 안타를 기록했지. 평균 타율은 1을 2로 나누면 되는데, 그 값은 0.500이야. 제임스는 오늘 타율을 0.400에서 0.500로 0.100 올렸어."

헥토르도 한마디 거들었어요.

"나는 24타수에 9안타, 즉 8타석마다 3개의 안타를 쳤어. 평균 타율을 구하기 위해 3을 8로 나누면 0.375가 나와. 나는 오늘 타율을 0.250에서 0.375로 0.125 올렸어. 자, 마지막으로 데이비드는 24타수에 8안타, 즉 3타석마다 1안타를 쳤어. 1을 3으로 나누면 평균 타율은 0.333이야. 데이비드의 타율은 0.200에서 0.333으로 0.133이나 높아졌어. 그래서 실제로는 오늘 경기에서 데이비드가 타율을 가장 많이 올린 거야. 데이비드 축하해!"

평지와 비탈길, 거리 차이의 비밀은?

"제임스, 난 자신이 없구나."

제임스가 '엄마와 함께 달리는 자선 달리기'에 관한 통신문을 학교에서 가져왔을 때 엄마가 말했어요.

"대학 시절 이후로 달리기를 해 본 적이 없단다."

엄마가 한숨을 쉬며 말하자, 제임스가 웃으며 말했어요.

"엄마, 겨우 5,000미터에 불과해요. 지금부터 조금씩 연습하면 잘하실 수 있을 거예요."

엄마는 아들의 말에 용기를 얻어 노력해 보기로 했어요. 엄마는 걸음 수를 재는 기구인, 만보기를 구했어요. 그리고 운동장에서 달리며 발걸음을 세어 걸음 폭의 길이를 계산했어요.

달리기 실력을 늘리기 위해서, 엄마는 오르막을 향해 달리는 것이 더 효과가 있겠다고 생각했어요. 그래서 언덕 아래에서부터 5,000미터짜리 코스를 만들고 날마다 그곳에서 연습했어요.

드디어 달리기 대회 날, 제임스와 엄마는 간신히 달리기를 마쳤어요.

"날마다 똑같은 코스로 연습했는데, 오늘은 왜 이렇게 힘들고 멀게 느껴졌지? 연습 때는 이 정도로 힘들지 않았는데 말이야."

엄마는 결승선에서 숨을 몰아쉬며 말했어요.

전략 엄마가 힘들었던 이유는 연습한 거리가 5,000미터보다 짧아서였을 수 있다. 평지를 걸을 때와 언덕 위로 오를 때의 차이점을 생각해 보자.

지식 ① 걸은 거리÷걸음 수=걸음 폭
② 걸은 거리÷걸음 폭=걸음 수
③ 걸음 폭×걸음 수=걸은 거리

엄마는 왜 연습 때보다 더 힘들어했을까?

"엄마가 거리를 잘못 쟀기 때문이에요."

"아니야, 만보기로 정확하게 쟀는걸."

"엄마는 평지에서 달릴 때의 걸음 폭으로 만보기를 사용하여 걸음 수를 정했어요. 언덕 위로 달릴 때는 평지에서 달릴 때보다 더 좁은 걸음 폭으로 달리게 돼요. 그렇게 되면 달리기 코스인 5,000미터보다 더 짧은 거리를 달리게 되죠."

제임스가 말했어요.

오르막을 오를 때는 걸음 폭이 더 좁아지는구나.

"그렇다면 내가 언덕에서 연습했던 실제 거리가 얼마였는지 알 수 없을까?"

엄마가 물었어요.

"언덕 위로 올라가는 길 100미터를 잰 뒤 엄마가 100미터를 몇 걸음 만에 가는지 세는 거예요. 그러고 나서 100미터를 걸음 수로 나누면 걸음 폭이 나와요. 그 값에 엄마가 운동장에서 달릴 때 헤아린 발걸음의 수를 곱해 보세요. 그 결과가 엄마가 언덕에서 달린 진짜 거리예요. 엄마, 함께 계산해 볼까요?"

기준선은 어떻게 정할까?

선생님은 체육반 남학생들을 야구장으로 불렀어요. 그러나 그들은 이상하게도 야구 글러브를 갖고 있지 않았어요. 공이 든 가방과 두 개의 배트, 줄자 몇 개, 배팅 티*뿐이었어요.

분필로 그은 선이 내야 바로 너머부터 시작하여 외야를 가로질러 원호 모양으로 둥글게 그려져 있었어요.

"내일 학교 축제 때 배팅 티만을 이용하는, 홈런 타격 대회가 있을 예정이다. 기준선을 정해 공이 그 지점을 넘기면 상을 줄 거야."

선생님이 말했어요.

"선생님은 기준선을 정하기 위해 저희를 부르신 거로군요?"

배팅 티 허리 높이의 받침대 위에 공을 놓고 배트를 칠 수 있게 한 기구. 타격 연습 때 많이 쓰임.

케빈이 물었어요.

"그래, 너희들이 친 공의 거리를 가지고 기준선을 정하려고 해. 줄을 서서 각자 공을 한 개씩 치거라. 공을 모두 치고 나면, 줄자를 사용하여 각각의 공이 날아간 거리를 잴 거란다. 잰 거리를 모두 합한 후 그 합을 공의 개수로 나눌 거야. 그 값이 공이 날아간 평균값이므로 그걸 기준선으로 정할 거란다."

선생님이 대답했어요.

"선생님, 더 좋은 방법이 생각났어요."

케빈이 말했어요.

"어떤 방법인지 한번 들어 보고 싶구나."

선생님이 말했어요.

전략 기준선 너머로 공을 친 참가자가 절반이 되어야 하는데, 평균값을 기준으로 하면 반으로 나눌 수 없다.

지식 자료를 크기 순으로 일렬로 배열할 때, 중앙에 오는 값을 중앙값이라 한다. 중앙값을 기준으로 자료가 위아래로 반반씩 나뉜다.

 **케빈은 어떤 방법을 제시했을까?**

"공을 쳤을 때 참가자들의 절반이 넘길 거리를 알려고 하신다면, 선생님은 평균 거리가 아니라, 중앙에 있는 거리를 찾으셔야 해요. 중앙값은 자료의 반은 위에 있고 반은 아래에 있는, 경계에 있는 수예요. 그래서 공을 친 후에, 반은 넘기고 반은 못 미치는 거리를 찾아야 해요. 그 거리가 바로 목표하는 선이 있어야 할 곳이에요."

케빈이 공을 칠 준비를 하면서 말했어요.

골프 홀의 폭과 넓이는 어떤 관계일까?

"우리가 설계한 미니 골프 홀이 실제로 만들어진다니! 어서 빨리 그날이 왔으면!"

카렌이 말했어요.

수지와 카렌은 〈골프 홀 설계 공모전〉에서 대상을 받았어요. 대상은 두 개 팀이 받았는데, 에드워드와 소피가 또 다른 주인공이었지요. 그들 모두 시상식에 참가했는데, 시상식장에는 입상한 골프 홀의 그림이 전시됐어요.

수지와 카렌의 설계는 홀까지 직선으로 길이 나 있었으나 길 중간에 바위와 벽돌이 가로막고 있었어요. 다른 대상 팀 에드워드와 소피는 별다른 장애물이 없는 대신 지그재그로 설계했어요.

수지와 카렌의 홀은 4인치 폭의 컵이었고, 에드워드와 소피의 것은 8인치 폭의 컵이었어요. 홀인원* 하는 선수에게 주는 상금도 있었어요.

시상식에서, 심사위원 중의 한 명이 상금에 대한 공지 사항을 발표했어요.

"수지-카렌 팀의 홀은 에드워드-소피 팀의 홀에 비해 폭이 반에 불과하므로 홀인원은 두 배나 어려울 것입니다. 그래서 에드워드-소피의 홀에서 홀인원 하는 사람에게는 무료 게임을 한 번 줄 것이며, 수지-카렌의 홀에서 홀인원 하는 사람에게는 무료 게임을 두 번 줄 것입니다."

"저건 공평하지 않아."

수지가 카렌에게 말했어요.

"어째서 공평하지 않은데?"

카렌이 물었어요.

전략 공이 바닥을 구를 때와 공중에서 떨어질 때의 차이점을 생각해 보자. 폭과 관계가 있는지 넓이와 관계가 있는지 구별해 볼 필요가 있다.

지식 원의 넓이 = 반지름 × 반지름 × π(파이)
* π의 근사값으로 3.14를 쓴다.

홀인원 한 번의 샷으로 공을 컵에 넣는 것.

원의 지름이 두 배가 되면, 넓이는 몇 배가 될까?

"만일 공이 바닥을 따라 구른다면, 8인치 폭의 컵보다 4인치 폭의 컵에 넣는 것이 두 배만큼 어려운 것은 맞아. 그러나 홀인원을 하는 것이기 때문에 공은 공중에서 떨어질 거야. 문제는 컵의 지름이 아니라 넓이라는 뜻이지."

수지는 말을 마치자마자 휴대 전화 계산기로 계산했어요.

"지름이 4인치인 우리 컵은 반지름이 2인치이고, 2의 제곱은 4야. 거기에 π(파이)를 곱하면 넓이는 4π(파이)야. 그리고 다른 팀의 컵은 지름이 8인치이니 반지름은 4인치이고, 4의 제곱은 16이야. 16에 π(파이)를 곱하면 16π(파이)야. 비교해 보면 우리 팀보다 넓이가 네 배나 더 커. 그래서 만일 큰 컵에 홀인원을 했을 때 무료 경기를 한 번 준다면, 작은 컵에 홀인원을 했을 때는 무료 경기를 네 번 줘야만 해."

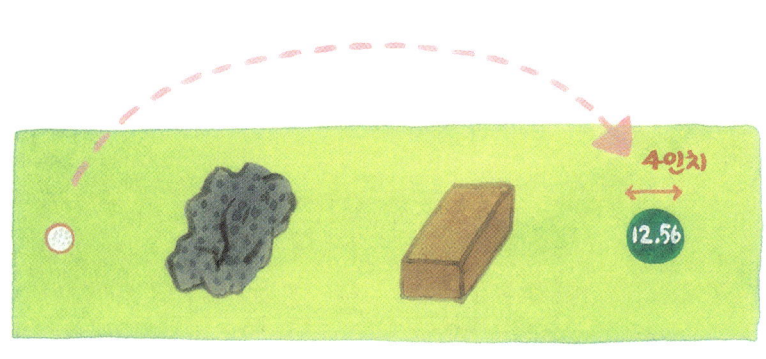

누가 후원금을 가장 많이 모금할까?

수지네 학교의 상급생인 린다와 안젤리나, 그리고 줄리는 응원 팀 소속인데 불우 이웃 돕기 모금을 위해 '옆으로 재주넘기 대회'를 열었어요. 그들은 5분 안에 할 수 있는 재주넘기 횟수를 정해 놓고 성공하면 일정액의 돈을 후원하게 했어요.

"사람들이 재주넘기를 하면 머리가 뱅뱅 돌 정도로 어지러울 거라고 걱정하고 있어."

후원 서약서를 가져오던 날, 안젤리나가 말했어요.

"우리 엄마는 내가 속이 매슥거려 토할지도 모른다고 말씀하셨어."

린다가 말했어요.

"우리 아빠는 행여 내가 다칠까 봐 재주넘는 모습을 못 볼 것 같대."

줄리가 웃으며 말했어요.

"너희는 재주넘기를 몇 회 할 수 있을 것 같아?"

줄리가 물었어요.

"100회 정도? 나는 옆으로 돌기 1회에 100원을 건 후원자 네 명과 250원을 건 후원자 한 명을 확보했어."

린다가 말했어요.

"나는 1분에 12회까지 하겠다고 했어. 그리고 1회에 300원을 건 후원자 세 명을 확보했어."

안젤리나가 말했어요.

"나는 10초에 1회꼴로 할 수 있지 않을까 생각해. 우리 엄마 아빠는 30,000원을 기부하셨고, 1회에 200원을 건 후원자 다섯 명을 확보했어."

줄리가 말했어요.

"좋아, 우리 모두 파이팅! 그런데 계획대로 성공한다면, 누가 가장 많은 후원금을 모금할까?"

린다가 고개를 갸웃거리며 말했어요.

전략　계획대로 재주넘기를 한다고 가정하고 후원금을 계산해 보자.

지식　① 후원금＝회전수×1회전에 대한 후원금
　　　② 1분＝60초

 **예상 후원금을 어떻게 계산할까?**

안젤리나가 먼저 말했어요.

"린다, 네 후원자들은 옆으로 재주넘기 1회에 650원(250×1+100×4)을 걸었어. 그래서 네가 재주넘기를 100회 한다면, 그것은 650 곱하기 100, 즉 65,000원이 돼."

안젤리나는 계산하면서 계속 말했어요.

"내 후원자들은 재주넘기 1회에 900원(300×3)을 걸었어. 만일 내가 1분에 12회씩 5분 동안 한다면, 총 60회(12×5)에 대한

54,000원(900×60)을 모금하게 되지.

 마지막으로 줄리의 후원자 중에 다섯 명이 재주넘기 1회에 1,000원(200×5)을 걸었어. 만일 네가 10초에 1회씩 재주넘기를 한다면, 그것은 1분당 6회가 될 테고, 5분 동안은 30회(6×5)가 되겠지. 그래서 1,000원 곱하기 30, 즉 30,000원이 돼. 여기에 부모님이 기부하는 30,000원을 합하면, 총 금액은 60,000원이야. 어디 보자, 금액을 비교해 보니 5분 안에 재주넘기를 100회 한다면 린다가 가장 많은 액수를 모으게 되겠군."

개인 목표를 달성하면
누구의 기록이 가장 뒤처질까?

수지네 학교 수영 팀은 나이에 따라 세 그룹으로 나뉘었어요. 대회를 앞두고 한창 연습 중인 어느 날, 코치가 깜짝 놀랄 발표를 했어요.

내용은 이랬어요.

개인 목표	14세 이상	⋯	개인 최고 기록에서 10퍼센트 향상
	11~13세	⋯	개인 최고 기록에서 20퍼센트 향상
	11세 미만	⋯	개인 최고 기록에서 30퍼센트 향상

안드레아와 마들린, 그리고 레아는 100미터 자유형을 주 종목으로 하는 자매였어요.

안드레아는 14살이며, 최고 기록은 1분 4초예요. 마들린은 12

살이며, 1분 20초가 최고 기록이에요. 레아는 10살인데, 1분 30초의 최고 기록을 가지고 있어요. 자매들은 수영할 때 서로 경쟁적이었어요.

"아하, 개인 목표를 달성할까 봐 누군가가 초조해해야 할 것 같은데."

안드레아가 말했어요.

"레아가 가장 초조해하지 않을까? 기록을 제일 많이 향상해야만 하잖아."

마들린이 말했어요.

"글쎄, 과연 그럴까?"

안드레아가 어깨를 으쓱하며 말했어요.

전략　최고 기록을 각각 초로 환산하여 향상할 목표 기록을 구해 보자.

지식　10퍼센트는 소수점을 왼쪽으로 한 자리 이동시켜 구한다. 20퍼센트, 30퍼센트는 10퍼센트의 값에 각각 2, 3을 곱하여 구한다.

수영 실력을 가장 많이 향상해야 할 사람은 누구일까?

"먼저 우리들 각각의 개인 최고 기록을 초로 고쳐 보자고."
안드레아가 말했어요.

"내 최고 기록은 1분 4초야. 즉 64초지. 내 나이 그룹의 목표는 10퍼센트를 향상시키는 것이지. 어떤 수의 10퍼센트를 구하려면, 소수점을 왼쪽으로 한 자리 이동시키면 되므로 64초의 10퍼센트는 6.4초야. 만일 내가 목표에 도달한다면, 내 기록은 57.6초(64-6.4)야. 그리고 마들린, 네 개인 최고 기록 1분 20초

를 초로 환산하면 80초야. 20퍼센트를 계산하는 빠른 방법은 먼저 10퍼센트를 만들고, 그 결과를 두 배 하면 돼. 그래서 80초의 10퍼센트는 8이고, 그 결과를 두 배하면 16이 나와. 만일 네가 목표를 달성한다면, 그 시간은 64초(80-16)야."

안드레아는 준비 운동을 하면서 계속 말했어요.

"레아의 개인 최고 기록은 1분 30초, 즉 90초야. 그것의 10퍼센트는 9초이고, 30퍼센트는 그 결과를 세 배하면 되므로 27초야. 목표를 달성하면, 레아의 기록은 63초(90-27)가 돼. 목표대로 된다면, 레아의 기록이 마들린보다 1초 앞서게 되는 거야."

안드레아와 레아는 크게 웃었어요. 그러나, 심각해진 마들린은 갑자기 물로 뛰어들더니 아주 열심히 수영하기 시작했어요.

4장
게임 하면서 수학을 해요!

작은 그림과 닮은꼴인 큰 그림을 그릴 수 있을까?

"고대 그리스인들은 어떻게 저런 사원을 건설했을까? 그림으로 그리기도 힘든데."

제임스네 반은 고대 문명에 대해 배우고 있었어요. 그들은 한 단원을 마치고 배운 것을 연극으로 만들어 공연할 예정이었어요. 제임스와 루카스는 배경막에 그림을 그리는 그룹에 속했어요. 배경막은 폭이 15피트, 높이가 10피트인 하얀 천이었어요.

선생님은 그림 그릴 때 참고하라면서 고대 그리스 사원이 있는 포스터를 주었어요. 포스터의 크기는 가로 3피트, 세로 2피트였어요.

아이들은 배경막에 그림을 그리기에 앞서 분필로 밑그림을 그렸어요.

"기둥 길이와 폭이 잘못된 것 같아. 지붕도 이상하고. 내가 다시 그려 볼게."

물감을 가지러 미술실에 다녀온 제임스가 밑그림을 보더니 말했어요.

"휴, 포스터와 최대한 똑같이 그린다고 했는데 맘처럼 쉽지가 않네."

루카스가 한숨을 내쉬며 말했어요.

아이들은 밑그림을 다시 지우고 잠시 교실로 돌아가 쉬었어요. 그들이 돌아왔을 때, 제임스는 밑그림을 그럴싸하게 다시 그려 놓았어요.

"와, 어떻게 그린 거야?"

루카스가 물었어요.

전략 닮은꼴 그림을 그리려면 가로와 세로의 비율이 같아야 한다.

지식 ① 한 도형을 일정한 비율로 늘여서 다른 쪽 도형에 완전히 포갤 수 있을 때, 두 도형은 닮은꼴이다.
② 닮은꼴인 두 직사각형의 가로와 세로의 비는 같다.

제임스는 어떤 비율로 그림을 그렸을까?

"배경막의 그림을 포스터와 닮은꼴로 그리려면, 배경막 위에 그리는 그림의 비율이 포스터 그림의 비율과 똑같아야 해. 포스터는 폭 3피트에 높이 2피트의 비율, 즉 3 대 2야. 한편, 배경막은 폭이 15피트에 높이가 10피트이고, 그 비율은 15 대 10인데, 5로 나누면, 3 대 2가 돼. 둘 다 폭과 높이의 비가 3 대 2로 똑같으므로 닮은꼴 그림을 그릴 수 있는 거야.

이제, 실제로 어떻게 그리는지를 알아보자고. 배경막은 높이가 10피트이고 포스터는 높이가 2피트이므로, 비율을 똑같이 유지하려면 포스터의 그림을 배경막에 옮겨 그릴 때 5배 더 크게 그려야만 해. 왜냐하면, 10은 2의 5배이기 때문이지. 그래서, 포스터 위에서 10인치 높이로 측정된 기둥은 배경막에서는 50인치 높이로 그려야 했어. 자, 이제 우리 모두 물감으로 사원을 칠하자고!"

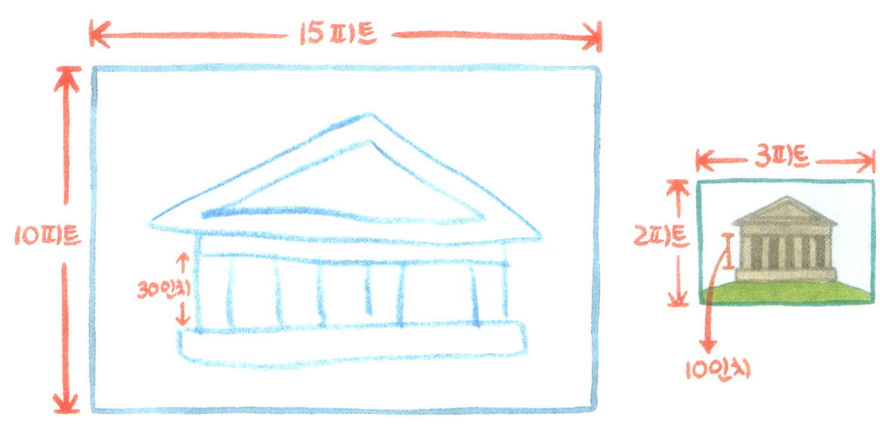

뭐가 잘못된 거지?

배경막 길이가 가로, 세로 모두 포스터의 다섯 배야. 그러므로 포스터의 10인치짜리 기둥을 30인치가 아닌 50인치로 다섯 배 길게 그려야 했어.

사탕 개수를
쉽게 세는 방법은?

"애들아, 이리로 오렴."

선생님이 소리쳤어요.

수지네 반 친구들은 양쪽에 진열된 사탕 더미 사이를 지나며 군침을 흘렸어요. 사탕은 그림의 떡이었거든요. 그들은 과제에 사용할 물품을 사기 위해 잡화점에서 견학 중이었어요.

그들은 솔방울에 땅콩버터를 바른 후 새 모이 속에서 굴리고 사탕을 붙인 다음, 솔방울에 끈을 묶어 학교 밖 나무에 걸어 놓으려고 해요.

"선생님, 사탕을 몇 개나 사야 할까요?"

수지가 물었어요.

"겨울을 나는 다람쥐와 새를 위해서 솔방울마다 다섯 개의 박하사탕을 붙이려고 해. 솔방울이 200개 있으니, 카렌과 함께 박하사탕을 1,000개 세어 놓으렴. 그 사이 나는 다른 학생들을 데리고 가서 땅콩버터와 새 모이를 사 갖고 오마."

박하사탕은 각각 비닐로 포장되어 통에 들어 있고 무게 단위로 팔렸어요.

"사탕을 개수가 표시된 봉지로 팔지 않네?"

수지가 말했어요.

"1,000개를 다 세려면 시간이 무지 오래 걸릴 것 같아."

카렌이 난처한 표정을 지으며 말했어요.

"나한테 좋은 생각이 있어."

수지가 말했어요.

"어떤 방법인데?"

카렌이 물었어요.

전략 사탕을 하나하나 세지 않고, 무더기로 세는 방법을 생각해 보자.

지식 한 개 포장에 들어 있는 사탕 개수가 모두 같다면,
사탕의 총 개수 = 무더기 하나에 들어 있는 사탕의 수 × 무더기 수

수지는 사탕을 세는 데 저울을 어떻게 이용했을까?

"이 저울을 이용하면 사탕을 쉽게 셀 수 있지."
수지가 말했어요.
"우선 50개의 사탕을 센 후 무게를 재는 거야. 그러고서 같은 무게만큼 사탕을 퍼서 포장하는 거지. 이런 식으로 20번을 반복하면 사탕 1,000개를 세는 데 그리 오랜 시간이 걸리지 않을 거야."

 × 20 = 사탕 1,000개

가장 부피가 큰 사육통을 빨리 알아내는 방법은?

케빈은 부모님이 애완용 이구아나를 기르는 걸 허락해 줘서 몹시 기뻤어요. 그는 그날 당장, 이구아나와 사육통을 사러 가게에 갔어요.

케빈은 중간 크기의 이구아나를 골랐어요. 그는 이구아나를 큰 사육통에서 키우고 싶었어요.

사육통의 크기는 세 가지가 있었어요. 첫 번째 것은 24인치×16인치의 바닥에 높이가 12인치였어요. 두 번째 것은 16인치×16인치의 바닥에, 높이가 20인치였어요. 세 번째 것은 20인치×20인치의 바닥에, 높이가 12인치였어요. 각각의 사육통의 가격은 별 차이가 없었어요.

케빈은 잠깐 고민하더니 말했어요.

"이것으로 사겠어요. 이게 공간이 제일 커요."

"오, 제법인데. 어떻게 그리 빨리 계산했니?"

아빠가 물었어요.

전략　정확한 부피를 구할 필요 없이 크기만 비교하면 된다.

지식　같은 수로 나누거나 곱할 때는 크기의 순서가 변하지 않는다.
　　　① A<B 이면, A×C<B×C이다.(C≠0)
　　　② A<B 이면, A÷C<B÷C이다.(C≠0)

 케빈은 사육통들의 크기를 어떻게 비교했을까?

"이것은 직육면체의 부피에 관한 문제예요."

케빈이 16×16×20인치짜리 사육통을 계산대 쪽으로 들고 가면서 말했어요.

"직육면체의 부피를 구하기 위해서는 가로×세로×높이를 계산하면 돼요. 그랬더니 이 통이 가장 크게 나왔어요."

"암산이 굉장히 빠르구나. 아빠는 계산하려면 계산기가 필수인데."

아빠가 말했어요.

"정확한 값을 알려면, 당연히 계산기가 필요하죠. 그러나 단지 비교만 하면 되니까, 전 계산을 단순화시켜서 했어요. 24×16×12짜리 통에서, 세 개의 수를 각각 4로 나누면, 6×4×3이 되어요. 계산하면 72가 되죠. 20×20×12짜리 통은 5×5×3이 되고 계산하면 75가 되죠. 마찬가지로 16×16×20짜리 통은 4×4×5로 간략하게 만들어 계산하면 80이 되죠. 마지막 통이 셋 중에서 가장 커요."

케빈이 말했어요

집으로 돌아와서 케빈은 정확한 값을 계산해 보았어요.

20×20×12짜리 통은 4,800세제곱인치였고, 24×16×12짜리 통은 4,608세제곱인치였으며, 16×16×20짜리 통은 5,120세제곱인치였어요.

둘레가 같은 정사각형과 원 중 넓이가 더 넓은 것은?

제임스네 반은 수학 게임을 하고 있었어요. 학생들은 두 팀으로 나뉘었고 각 팀은 크기가 같은 커다란 상자를 하나씩 받았어요.

"나는 각 팀에게 72센티미터 길이의 끈을 줄 거예요. 상자 안에 양 끝이 서로 닿게 끈을 펼쳐 놓으세요. 그러면 나는 공을 각 상자 안에 떨어뜨릴 거예요. 공이 끈의 안쪽에 떨어져 멈춘 팀이 게임에서 승리하는 거예요. 자, 5분의 시간을 주겠어요."

선생님이 게임 규칙을 설명했어요.

"왜 5분씩이나 시간이 필요한 거야? 어느 팀이 이길 것인가는 순전히 우연인 것 같은데."

알리샤가 말했어요.

알리샤 팀은 고민 끝에 각 변이 18센티미터인 정사각형을 만들었어요.

5분 후 선생님이 두 상자에 각각 공을 떨어뜨렸어요. 상대 팀은 공이 끈의 안쪽에 떨어져 멈췄어요. 그러나 알리샤 팀의 상자에 떨어뜨린 공은 끈 밖으로 떨어졌어요.

"우리가 이겼다!"

제임스가 기쁨의 소리를 질렀어요.

"선생님, 저 팀의 끈이 우리 팀의 것보다 더 긴 게 틀림없어요."

알리샤가 말했어요.

"아니야, 우리는 이 끈으로 더 넓은 영역을 만드는 방법을 알아냈다고."

제임스가 말했어요.

전략 둘레를 이용하여 정사각형과 원의 넓이를 각각 구해 보자.

지식 ① 원의 둘레=2×π(파이)×반지름
  ② 반지름=원의 둘레÷2÷π(파이)
  ③ 원의 넓이=반지름×반지름×π(파이)
  * π의 근삿값으로 3.14를 쓴다.

둘레를 가지고 넓이를 구하는 방법은?

제임스가 상자 안에서 끈을 꺼내어 설명을 시작했어요.

"너희 팀은 72센티미터의 끈으로 정사각형을 만들었지. 각 변은 18센티미터로 넓이를 구하면 324제곱센티미터(18×18)야.

우리 팀은 끈으로 둘레가 72센티미터인 원을 만들었어. 원의 넓이를 계산하기 위해서는 먼저 반지름을 알아야 했어. 원의

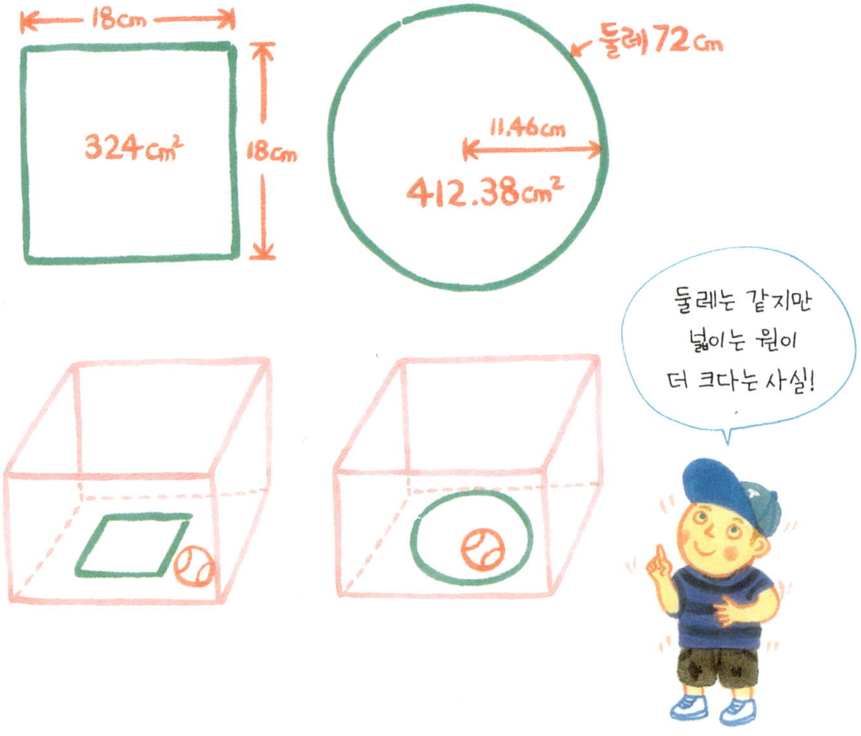

둘레는 2×π(파이)×반지름이야. 그래서 반지름을 알기 위해 72를 2로 나눈 값 36을 다시 π(파이)로 나누었어. π(파이)의 근삿값 3.14를 대입하여 계산하면 약 11.46센티미터야.

자, 이제 반지름을 구했으니 원의 넓이를 구해 볼까? 원의 넓이는 반지름×반지름×π(파이)야. 반지름 값을 대입하여 계산하면 약 412.38제곱센티미터(11.46×11.46×3.14)야. 계산이 복잡하니 계산기를 써야겠다. 이 값은 정사각형의 넓이 324제곱센티미터보다 약 88제곱센티미터나 넓어. 이 차이가 공이 원 모양으로 만든 끈 안에 떨어질 확률을 높인 거야."

어떤 반이 얼마의 모금액을 냈는지 알 수 있을까?

제임스는 모금 행사를 돕기 위해 방과 후에 남아야 했어요. 제임스의 학년에는 세 개의 반이 있어요. 세 개 반에 속한 각각의 학생은 15.63달러를 가져와야 했어요. 맥거번 선생님의 반에 23명의 학생이, 창 선생님의 반에 25명의 학생이, 그리고 비틀 선생님의 반에 24명의 학생이 있어요.

금액 전부를 제일 먼저 가져오는 반은 사흘 동안 숙제를 면제받고, 두 번째로 내는 반은 이틀을, 세 번째로 내는 반은 하루를 면제받게 했어요.

각 반이 모은 돈을 보내 왔어요. 그런데 봉투에는 선생님의 이름은 표시되어 있지 않고 액수만 적혀 있었어요.

드디어 순위가 발표됐어요.

"흰 봉투가 1등으로 들어왔고, 노란 봉투가 2등으로, 갈색 봉투가 마지막으로 들어왔습니다."

다니엘이 봉투를 보았어요. 글씨가 엉망이어서 정확한 숫자를 읽기 힘들었어요. 흰 봉투는 몇 달러인지는 모르겠고, 75센트만 알아볼 수 있었어요. 노란 봉투 역시 49센트만 읽을 수 있었어요. 그리고 갈색 봉투도 12센트만 읽을 수 있었어요.

"액수를 정확하게 알아볼 수 없으니 도대체 어떤 반이 무슨 봉투를 냈는지 알 수가 없네."

다니엘이 투덜대자, 제임스가 봉투를 흘낏 보며 말했어요.

"몇 센트인지만 알아도 어떤 반에서 무슨 봉투를 냈는지 알 수 있어."

"말도 안 돼. 그걸 어떻게 아냐?"

다니엘이 못 믿겠다는 얼굴로 말했어요.

전략   전체 금액을 몰라도 학생 수와 모금액 끝자리의 숫자만 알면 봉투 색과 반을 연결시킬 수 있다.

지식   ① 5의 배수는 끝자리의 수가 5이거나 0이다.
        ② 홀수×홀수=홀수, 짝수×홀수=짝수, 짝수×짝수=짝수

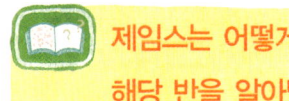 제임스는 어떻게 끝자리의 숫자만으로
해당 반을 알아냈을까?

"이것은 곱셈의 규칙에 관한 문제야."

제임스가 말했어요.

"만일 홀수가 5로 끝나는 수에 곱해졌다면, 그 곱셈의 결과는 항상 5로 끝나지. 그래서 첫 번째 봉투, 5로 끝나는 수가 적힌 흰 봉투는 학생 수가 5로 끝나는 창 선생님의 반에서 가져온 것이지."

제임스는 계속 이야기를 이어 나갔어요.

"남은 두 수 중에서 하나는 홀수고, 하나는 짝수야. 곱셈의 결과에서 홀수가 되는 유일한 경우는 홀수에 홀수를 곱할 때야. 짝수에는 짝수를 곱하든 홀수를 곱하든 항상 짝수가 나오거든. 그래서 노란 봉투에 적힌 홀수는, 두 개의 홀수의 곱으로 나온 결과여야만 해. 그래서 학생 수가 23명인 맥거번 선생의 반이 되고, 학생 수가 24명인 비틀 선생의 반은 세 번째 순위가 되는 거지."

"실제의 액수는……."

봉투를 보며 하워드 씨가 말했어요.

"창 선생님의 반은 390.75달러이고, 맥거번 선생님의 반은 359.49달러이며, 비틀 선생님의 반은 375.12달러입니다."

곱셈의 규칙을 이용한 작대기 긋기 게임

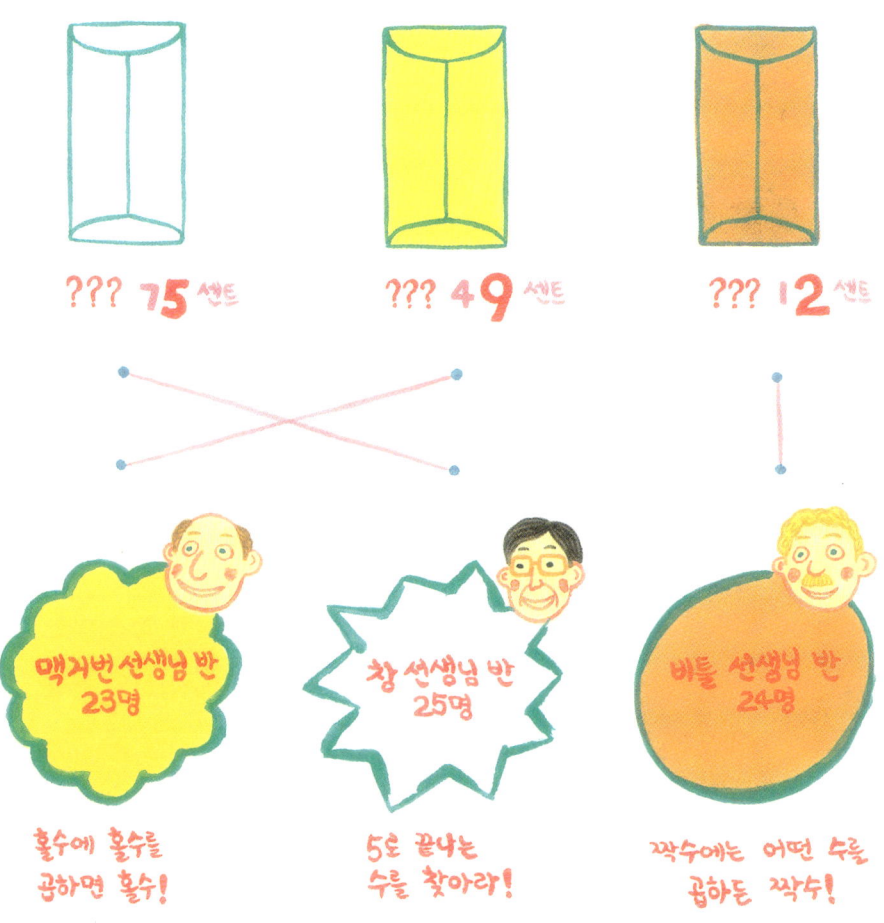

두 종류의 컵으로 주스를 공평하게 나누어 주는 방법은?

"엄마, 문제가 생겼어요."

수지가 엄마에게 말했어요.

그들은 막내 동생 케빈을 위해 간식을 준비하는 중이었어요. 학년이 새로 시작한 후 100일째 되는 날에는 학부모들이 모여 이렇게 간식을 준비하거든요.

한 시간밖에 안 남았는데, 수지는 학교에 가야 했고, 엄마는 직장에 가야 했어요. 다른 학부모들은 주스, 과자, 접시와 컵들을 내려놓고 나서는 재빨리 자리를 떠났어요.

"왜? 무슨 문제인데 그러니?"

엄마는 영문을 몰라 수지를 쳐다보며 말했어요.

"케빈네 반에는 26명의 아이들이 있는데, 1갤런짜리 주스 한 통과 1쿼터짜리 주스 한 통이 있어요. 컵은 240밀리터짜리

24개와 180밀리리터짜리 12개가 있고요. 제 생각에는 몇 명의 아이들에게는 다른 애들보다 더 적은 양의 주스를 주게 될 것 같아요."

수지가 말했어요.

"양이 똑같지 않다면 다툼이 생길 거야. 뭐 좋은 해결 방법이 없을까?"

엄마가 말했어요.

"아! 좋은 생각이 있어요."

수지가 말했어요.

전략 한 어린이에게 줄 주스의 양을 먼저 구한 다음에 컵들을 어떻게 사용할지를 생각해 보자.

지식 ① 1갤런=3,840밀리리터
② 1쿼터=$\frac{1}{4}$갤런=960밀리리터

수지는 어떻게 공평한 양의 주스 26컵을 만들었을까?

"1갤런에 1쿼터를 합하면 4,800밀리리터(3,840밀리리터+960밀리터)예요. 만일 모든 아이에게 240밀리리터씩의 주스를 준다면, 20명(4,800÷240=20)에게만 줄 수 있어요. 모두에게 같은 양을 마시게 하려면, 4,800밀리리터를 26명으로 나누어 봐야 해

요. 그 값은 한 아이당 180밀리터를 조금 넘는 양(정확하게 184.6밀리터)이에요. 그래서 우리는 180밀리터짜리 컵을 사용하여 양을 잰 후 240밀리터짜리 컵 24개에 옮겨 부어요. 그리고, 180밀리터짜리 컵 두 개를 꽉 채우면 돼요. 그래도 120밀리터의 주스가 남지요."

수지가 180밀리터짜리 컵에 주스를 부으며 말했어요.

저울로 종이 한 장의 무게를 알아낼 수 있을까?

수지네 학급은 과학실에서 수업이 있었어요. 과학실에는 다양한 종류의 저울이 있었는데, 그중에는 0.1그램까지 정확하게 재는 수평 저울도 있었어요.

그러나 선생님은 그런 정밀 저울이 아닌 낡은 저울을 꺼내 왔어요. 선생님은 과학실에 종이 꾸러미를 보관할 선반을 설치할 건데, 선반이 얼마나 많은 종이를 지탱할 수 있는지 실험으로 알아내겠다고 말했어요.

각각의 종이 꾸러미는 500장이었어요. 선생님은 종이 한 장의 무게가 얼마나 나가는지 정확하게 알길 원했어요.

학생들은 선생님이 낡은 저울을 가져오기 전까지는 종이 한 장의 무게를 쉽게 알아낼 수 있을 거라고 생각했어요. 그러나 낡은 저울로는 10그램까지만 무게를 정확하게 잴 수 있었어요.

카렌이 종이 한 장을 저울에 올려놓았어요. 저울은 꼼짝도 하지 않았어요. 그녀는 한 장을 더 올려놓았어요. 이번에는 바늘이 조금 움직였어요.

"음, 종이 두 장의 무게는 약 10그램이야. 이건 한 장에 무게가 약 5그램 정도 나간다는 뜻이지. 약간의 차이는 있겠지만 말이야."

수지가 말했어요.

"그러나 선생님은 정확한 무게를 측정하길 바라서."

카렌이 말했어요.

"자, 그렇다면 다른 방법이 있지."

수지가 말했어요.

"그 방법이 뭔데?"

카렌이 물었어요.

전략　종이 한 장의 무게는 너무 가벼우므로 500장짜리 꾸러미를 이용해 보자.

지식　종이 꾸러미의 무게÷종이의 장수=종이 한 장의 무게

수지는 500장짜리 종이 꾸러미들을 어떻게 이용했을까?

"더 많은 종이를 저울에 올려 봐."

수지가 말했어요.

카렌은 500장짜리 종이 꾸러미 두 개를 가지고 왔어요. 그리고

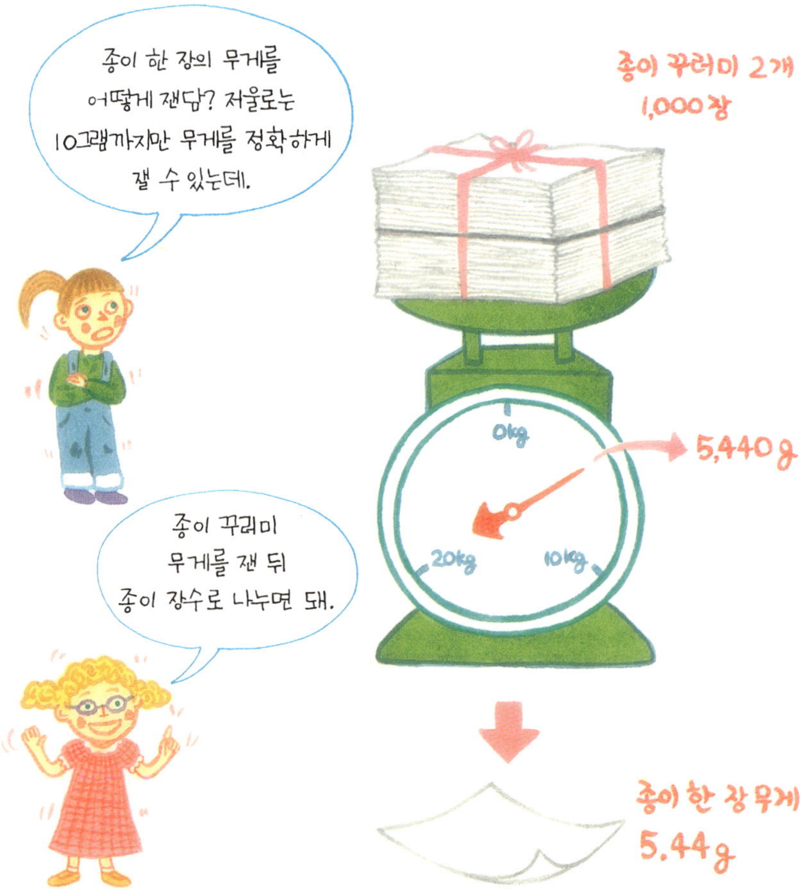

종이 한 장의 무게를 어떻게 잰담? 저울로는 10그램까지만 무게를 정확하게 잴 수 있는데.

종이 꾸러미 무게를 잰 뒤 종이 장수로 나누면 돼.

종이 꾸러미 2개 1,000장

5,440g

종이 한 장 무게 5.44g

그 꾸러미를 저울 위에 쌓았어요. 무게는 5,440그램이었어요.

"1,000장의 종이가 5,440그램이 나가므로, 한 장의 무게는 그것의 1,000분의 1이지. 1,000으로 나누려면 소수점을 왼쪽으로 세 자리 옮겨야 해. 그러므로 한 장의 무게는 5.44그램이야."

수지가 말했어요.

누가 더 빨리 낙엽을 청소했을까?

어느 가을날 아침이었어요. 제임스네 가족은 모두 빗자루를 들고 거리로 나왔어요.

낙엽을 반 시간가량 치우고 나자, 제임스의 손바닥에 물집이 생겼어요. 이제 한 무더기만 치우면 되는데, 문제는 낙엽이 두 줄로 늘어서 있는 승용차와 승합차들 사이에 있다는 것이었어요. 제임스네 가족은 청소차가 치울 수 있도록 낙엽을 차 바깥쪽으로 옮겨 놓아야 했어요.

"케빈, 우리 시합하자. 낙엽 더미를 반반씩 나눠서 누가 더 빨리 차 바깥쪽으로 옮기는지 내기하는 거야."

제임스가 말했어요.

"좋아!"

형제는 낙엽 더미를 반으로 나누었어요. 케빈은 낙엽을 가운데 두고 양쪽으로 나란히 주차되어 있는 두 줄의 자동차를 바라보았어요. 왼쪽 줄은 세 대의 승합차가 있었고, 그것들은 1.2미터 간격으로 떨어져 있었어요. 오른쪽 줄에는 네 대의 승용차가 있었는데, 그 차들 역시 1.2미터 간격으로 주차돼 있었어요.

"아빠, 승용차와 승합차의 길이는 각각 얼마나 되나요?"

케빈이 물었어요.

"승용차는 약 4.5미터, 승합차는 대략 6미터 정도 된단다."

아빠가 말했어요.

"왼쪽이든 오른쪽이든 하나를 선택해야 해."

제임스가 말했어요.

"형, 나는 왼쪽을 선택할게."

케빈이 말했어요.

"좋아. 그럼 난 오른쪽을 맡을게. 준비 됐어? 시작!"

제임스가 소리쳤어요.

전략	승용차와 승합차가 늘어선 거리를 각각 구하여 운반 거리가 짧은 쪽을 알아보자.
지식	세 대의 차들 사이의 간격은 두 곳이고, 네 대의 차들 사이의 간격은 세 곳이다.

케빈은 왜 왼쪽을 택했을까?

"와! 내가 이겼다!"

몇 분 후 케빈이 소리쳤어요.

"케빈, 너 이길 걸 알고 왼쪽을 선택한 거지?"

제임스가 말했어요.

"음, 그렇다고 할 수 있지. 그 이유를 설명할게. 형이 내기하자고 했을 때, 난 머릿속으로 계산했어. 왼쪽에는 세 대의 승합차가 있는데 각각의 길이가 6미터야. 그리고 오른쪽엔 네 대의 승용차가 있는데, 각각의 길이가 4.5미터지."

케빈의 설명을 끊고 제임스가 말했어요.

"한 대씩은 차이가 있어도 어차피 모두 합하면 길이가 같잖아. 세 대의 승합차 곱하기 6미터 하면 왼쪽은 18미터가 되고, 네 대의 승용차 곱하기 4.5미터 하면 오른쪽도 18미터가 되니까."

"그런데 형은 차와 차 사이의 거리 계산을 놓쳤어. 승합차 세 대가 한 줄로 서 있다면 차들 사이에는 두 개의 간격이 있지. 합하면 2.4미터야. 그러나 네 대의 승용차 사이에는 세 개의 간격이 있고 합하면 3.6미터야. 왼쪽이 1.2미터 정도밖에 짧지 않지만, 시합에서는 승패를 가릴 만큼 중요하다는 생각이 들었어."

케빈이 의기양양한 표정으로 말했어요.

어느 팀이
더 많은 낙엽을 담았을까?

수지와 카렌은 여름 방학에 수영장에서 수상 안전 요원 체험을 했어요. 그러나 개장 전이라 청소를 도와야 했어요.

가을과 겨울, 그리고 봄을 지내는 동안 수영장 바닥에는 낙엽 더미가 잔뜩 쌓였어요. 수지와 카렌은 이 낙엽들을 모아서 상자에 담아야 했어요. 수영장에서 일하는 직원인 제니와 빅토리아는 한 변의 길이가 2피트짜리인 정육면체 상자에 낙엽을 담고, 수지와 카렌에게는 한 변의 길이가 3피트짜리인 정육면체 상자를 주었어요.

"이 상자에 낙엽을 꽉꽉 채워 담아서 쓰레기통에 버리렴. 한 상자에 많이 채울수록 청소가 덜 번거로울 거야."

제니가 말했어요.

제니와 빅토리아, 수지와 카렌은 팀을 나눠 약 한 시간 동안

일했어요. 그들은 한 상자를 가득 채우기 위해 낙엽을 몇 번이나 퍼 담았는지 세어 봤어요.

"우리는 50번을 담았어."

빅토리아가 말했어요.

"카렌과 전 20번을 담았어요."

수지가 말했어요.

"흠, 어느 팀이 더 많은 낙엽을 담았는지 답이 나오네. 그렇지 않아?"

제니가 말했어요.

전략　상자의 부피를 구하고, 이를 이용해 상자에 채운 낙엽의 전체 양을 구해 보자.

지식　① 부피 = 가로 × 세로 × 높이
　　　② 넓이 = 가로 × 세로

수지는 상자에 담은 낙엽의 전체 양을 어떻게 구했을까?

"제니와 내가 낙엽을 더 많이 채웠어. 우리는 2피트짜리 상자에 낙엽을 50번 퍼 담았고, 너희는 3피트짜리 상자에 20번 퍼 담았지. 바닥 넓이가 4제곱피트(2×2)인 상자에 낙엽을 50번 담았으니 모두 200제곱피트(4×50)야. 그런데 너희는 바닥이 9제곱피트(3×3)인 상자에 20번을 담았으니 모두 180제곱피트(9×20)야."

빅토리아가 말했어요.

그 말을 듣고 수지가 말했어요.

"그 계산법은 잘못됐어요. 우리는 상자 바닥의 넓이가 아니라, 상자의 부피를 계산해야 해요. 그래서 밑면 넓이에 높이도 곱해 세제곱피트를 알아야 해요. 2피트짜리 정육면체의 부피는 8세제곱피트(2×2×2)예요. 거기에 50번의 낙엽을 담았으니 400세제곱피트(8×50)죠. 3피트짜리 정육면체의 부피는 27세제곱피트(3×3×3)예요. 거기에 20번의 낙엽을 담았으니 540세제곱피트(27×20)죠. 그러니 카렌과 제가 더 많은 낙엽을 담은 거예요."

서로 다른 맛의 아이스크림을
21가지 만들려면?

"어서 오세요."

한 부인이 계산대 뒤에서 말했어요.

선생님을 비롯해 수지네 반 아이들이 단체로 아이스크림 가게로 들어왔어요. 아이스크림 가게 주인은 쌀쌀한 날씨에도 불구하고 가게가 꽉 차서 기뻤어요.

"전화로 21개의 좌석을 예약하셨죠? 여기 자리를 마련해 놓았어요."

주인이 숟가락과 빈 접시들로 차려져 있는 탁자를 가리키며 말했어요.

선생님이 아이들에게 아이스크림 두 스쿠프*씩을 사겠다고

스쿠프 아이스크림을 덜 때 쓰는 숟가락

말했어요.

"선생님께서는 늘 우리 각자 한 사람 한 사람이 독특하다고 말씀하셨어요. 그렇죠?"

카렌이 말했어요.

"그랬지."

선생님은 별 생각 없이 대답했어요.

"그래서 말인데요, 우리는 각각 다른 아이스크림을 원해요."

카렌의 말에 다른 모든 학생들이 큰 소리로 웃었어요.

"이걸 어쩌지? 이 가게에는 아이스크림 종류가 12가지밖에 없는데……."

주인이 난처한 표정으로 말했어요.

전략   기본 맛의 가짓수가 부족하니 두 가지 맛을 조합하여 종류를 늘려 보자.

지식   ① 기본 맛 A, B를 조합할 때의 종류는 총 3가지
       {A-A}, {A-B}, {B-B}
     ② 기본 맛 A, B, C를 조합할 때의 종류는 총 6가지
       {A-A}, {A-B}, {A-C}, {B-B}, {B-C}, {C-C}

21가지 종류의 아이스크림을 만들려면 기본 맛이 몇 가지가 필요할까?

"맛의 종류가 다양하지 않더라도 조합을 달리하면 각각 다른 아이스크림 종류를 만들 수 있어요."

수지가 주인에게 말했어요.

"나는 학생의 말을 이해하지 못하겠어."

주인이 말했어요.

3가지 맛으로 6가지(3+2+1) 조합을 만들 수 있어요.

"예를 들어서, 만일 세 종류의 맛이 있다고 하면, 그것은 3+2+1 하여, 6가지의 가능한 조합이 생기는 거죠. 바닐라, 초콜릿, 그리고 딸기 맛 아이스크림이 있다고 해 봐요. 두 가지 맛으로 가능한 조합을 만들어 보기로 해요. 간단히 하기 위해 바닐라를 바로, 초콜릿을 초로, 딸기를 딸로 나타낼게요. 먼저 바와의 조합을 만들면 {바-바}, {바-초}, {바-딸} 3가지, 다음에 초와의 조합을 만들면 {초-초}, {초-딸} 2가지, 마지막으로 딸과의 조합은 {딸-딸} 1가지가 있어요. 그래서 세 가지 기본 맛으로 만들 수 있는 조합은 6가지(3+2+1)가 나와요.

기본 맛이 늘어나면 같은 방식으로 계산할 수 있어요. 기본 맛이 네 가지일 때는 10가지(4+3+2+1)예요. 기본 맛이 다섯 가지일 때는 15가지(5+4+3+2+1)고요. 21가지(6+5+4+3+2+1) 가능한 조합을 얻기 위해서는, 여섯 가지 기본 맛만 있으면 돼요."

수지가 설명했어요.

"와, 똑똑한 학생이네. 그 설명에 대한 감사의 뜻으로 제일 먼저 맛을 선택할 기회를 주지."

주인이 흐뭇하게 웃으며 말했어요.

직사각형으로
가장 큰 넓이를 만들려면?

수학 시간이었어요. 선생님은 세로 3센티미터, 가로 5센티미터 크기의 직사각형 마분지 조각 20개를 탁자 위에 늘어놓더니 칠판에 다음과 같은 글을 썼어요.

> 직사각형 조각들로
> 가장 큰 넓이를 만드는 방법을 보여 주시오.

제임스를 비롯해 반 아이들은 여러 가지 방법을 시도했어요. 선생님은 아이들이 만든 다양한 배열 모두를 정답으로 인정하지 않았어요.

"이 문제는 정답이 없는 게 분명해."

제임스가 말했어요.

"아니야, 조금 더 생각해 보렴. 누구나 풀 수 있는 문제야."

선생님이 말했어요.

수업이 끝나는 종이 울렸고 아무도 문제를 풀지 못했어요. 제임스가 선생님께 물었어요.

"선생님, 정답이 뭐예요?"

전략 다양한 방식으로 직사각형 마분지 조각을 배열한 후 넓이를 각각 구하여 비교해 본다.

지식 가로 세로 크기가 정해진 직사각형 조각들은 배열 형태에 관계없이 전체 넓이는 항상 같다.

가장 큰 넓이를 만드는 방법은 과연 무엇이었을까?

"문제는 아주 쉽단다. 직사각형 조각들끼리 겹치지 않도록 바닥에 펼치기만 하면 돼. 네가 그 조각들을 어떻게 배열하느냐에 상관없이 그것들은 항상 똑같은 넓이를 만들거든. 너는 그 말을 해야 했어. 그게 답이지."

선생님은 직사각형 조각들로 몇 가지 배열을 만들어 보여 주면서 말했어요.

답을 듣고 난 제임스는 뭔가 속은 듯한 기분이 들었어요.

상품권을 가장 많이 받게 될 게임은 무엇일까?

수지네 반은 수학 게임의 날을 열었어요. 학생들은 두 명씩 짝을 이루었어요. 그날 반나절은 한 팀이 게임을 주도하고, 남은 반나절에는 반대로 게임을 주도한 팀이 게임 참여자가 되었어요.

수지와 카렌은 한팀이었어요. 둘은 게임을 살펴보면서 이리저리 돌아다녔어요.

한 탁자에서, 조지와 케이트가 주사위 한 쌍을 던져 같은 눈이 나오는 사람에게 다섯 장의 상품권를 주었어요.

또 다른 탁자에서는, 데이비드와 다니엘이 트럼프* 한 벌을 가져와서 네 수츠* 중에서 한 수츠를 지정해 주고, 다른 트럼프 한 벌에서 지정한 수츠의 카드 중 하나를 뽑으면 상품권 세 장을 주었어요.

세 번째 탁자에서는, 프레스톤과 엔젤이 여덟 마리의 장난감 오리를 물을 채운 양동이에 띄워 놓고 있었어요. 오리 중 한 마리의 엉덩이에는 글자가 적혀 있는데 그 오리를 골라내면 여섯 장의 상품권을 주었어요.

"이 게임들은 모두 운이 좋아야 풀 수 있는 문제인 것 같지 않니?"

카렌이 수지에게 물었어요.

"그렇긴 하지만, 잘 생각해 보면 상품권을 많이 받을 수 있는 게임을 고를 수 있어."

수지가 말했어요.

전략 각 게임의 확률을 분수로 나타낸 다음, 분모를 최소공배수로 통일하여 그 크기를 비교해 보자.

지식 두 수의 공통인 배수를 공배수라 하고, 공배수 중에서 가장 작은 수를 최소공배수라고 한다. 이를테면,
6의 배수 - 6, 12, 18, 24, 30, 36, 42…
4의 배수 - 4, 8, 12, 16, 20, 24, 28, 32, 36, 40…
6과 4의 공배수는 12, 24, 36… 이고, 최소공배수는 12이다.

트럼프 게임 카드의 일종. 총 52장의 카드로 구성되어 있다.

수츠 트럼프에서 스페이드(♠), 하트(♥), 다이아몬드(♦), 클럽(♣)의 무늬를 가진 카드가 각각 1수츠를 이룬다. 각 수츠는 K(King), Q(Queen), J(Jack), 10~1까지 총 13장이다.

세 게임 중 어느 것의 기댓값이 가장 클까?

"각각의 게임의 배당량을 비교해 보면 돼. 주사위 게임부터 시작해 볼까? 각 주사위는 여섯 면이 있으니 두 개의 주사위로는 36가지(6면×6면)의 가능한 조합이 생기지. 그중에서 같은 눈이 나오는 경우는 여섯 가지야(두 개의 1, 두 개의 2……). 모든 가능성 36가지 중에서 두 개의 주사위에서 같은 눈이 나오는 경우가 6가지이므로($\frac{6}{36}$), 6으로 나누어 주면 6가지 중에서 1가지지($\frac{1}{6}$). 이것은 같은 눈이 나올 가능성이 여섯 중에 하나라는 뜻이야. 조지와 케이트는 네가 성공하면, 다섯 장의 상품권을 주고 있어. 그래서 자기들의 게임을 이기는 값으로 $\frac{5}{6}$($\frac{1}{6}$×5)를 주고 있어."

수지가 말했어요.

"이번에는 트럼프 게임을 살펴볼까? 한 벌에 들어 있는 네 가지 수트의 카드 수는 같지. 그래서 지정한 수트의 카드를 뽑을 가능성은 넷 중에 하나야($\frac{1}{4}$). 데이비드와 다니엘은 카드 뽑기에 성공하면, 세 장의 상품권을 주고 있지. 즉, 자기들의 게임을 이기는 값으로 $\frac{3}{4}$($\frac{1}{4}$×3)을 주고 있어."

"알겠다. 오리 게임에서는, 엉덩이에 글자가 적힌 오리를 고를 가능성은 여덟 중에서 하나야($\frac{1}{8}$). 그리고 만약 성공하면, 여섯 장의 상품권을 주고 있지. 그래서 자기들의 게임을 이기는 값으로 $\frac{6}{8}$($\frac{1}{8}$×6)을 주고 있어."

$\dfrac{5}{6}$ $\dfrac{3}{4}$ $\dfrac{6}{8} = \dfrac{3}{4}$

$\dfrac{5}{6}$와 $\dfrac{3}{4}$을 비교하려면 분모 6과 4의 최소공배수를 구해야 해.

카렌이 말했어요.

"자, 그럼 세 개의 분수 $\frac{5}{6}$, $\frac{3}{4}$ 그리고 $\frac{6}{8}$ 을 비교해 볼까? $\frac{6}{8}$ 은 약분하면 $\frac{3}{4}$ 이야. 우선 세 분수의 분모, 즉 6과 4의 최소공배수 12로 분모를 통일해야 해. 그러려면 $\frac{5}{6}$ 의 분자와 분모에 2를 곱하고, $\frac{3}{4}$ 의 분자와 분모에 3을 곱하면 돼. 그 값은 각각 $\frac{10}{12}$, $\frac{9}{12}$ 가 나오지. 이로써 $\frac{10}{12}$ 의 기댓값을 주는 조지와 케이트의 주사위 게임이 가장 유리하다는 걸 알 수 있어."

수지가 설명을 마치자마자, 카렌은 수지의 팔짱을 끼더니 주사위 게임을 하는 곳으로 데려갔어요.

소금물의 어는점 화씨 28도는 섭씨로 몇 도인가?

"이제 우리는 소금을 물속에 넣어야 해."

선생님이, 소금이 물에 녹으면 그 물의 어는점이 어떻게 변하는지 알기 위한 실험을 학생들 앞에서 하고 있었어요. 물이 마침내 얼었을 때 선생님은 말했어요.

"물에 소금을 넣었더니 화씨 28도에서 어는구나. 이로써 소금이 물을 더 낮은 온도에서 얼게 한다는 사실을 실험으로 방금 입증했다. 자, 오늘 실험 내용을 내일까지 보고서로 써서 제출하도록 해라."

학생들은 책을 덮으면서 불만의 목소리를 냈어요. 카렌이 수지에게 다가오더니 어는점의 온도 눈금이 몇 도였는지 물었어요.

"화씨 28도였어. 그러나 실험 보고서를 쓸 때는 섭씨로 써야 해. 과학에서는 화씨보다 섭씨가 더 공통적으로 사용되거든."

수지가 말했어요.

카렌은 집으로 돌아와 소금이 첨가됨으로써 물의 어는점이 어떻게 변하는지에 관한 보고서를 썼어요.

다음 날 선생님이 카렌의 실험 보고서를 보더니 말했어요.

"잘 썼구나, 카렌. 점심 때 나를 보러 오거라."

카렌은 생각했어요.

"내가 실험 보고서를 잘못 썼나?"

전략 과학에서는 화씨보다 섭씨를 더 많이 사용한다는 것을 기억하자.

지식 섭씨온도 C와 화씨온도 F의 관계식
① $C = \frac{5}{9} \times (F-32)$
② $F = \frac{9}{5} \times C + 32$

카렌은 화씨를 섭씨로 어떻게 바꾸었을까?

"선생님, 실험 보고서 내용이 잘못 되었나요?"

카렌이 선생님께 물었어요.

"네가 빠뜨린 내용이 있었거든. 너는 화씨를 섭씨로 고치지 않았더구나. 화씨에서 물의 어는점은 32도이고, 섭씨에서 물의 어는점은 0도란다. 그런데 우리는 화씨 온도계를 사용하여 실험했었지."

선생님이 말했어요.

"제가 지금 선생님께 정확한 섭씨온도를 말해도 될까요?"

화씨를 섭씨로 고치려면 이 식에 대입해서 계산해야 해. $C=\frac{5}{9}\times(F-32)$

카렌이 물었어요.

"좋아, 어디 말해 보렴."

선생님이 말했어요.

"먼저 화씨온도에서 32를 뺍니다. 그다음에 $\frac{5}{9}$를 곱합니다. 28에서 32를 빼면 -4예요. 이 값에 분자 5를 곱하면 -20이 되죠. 이것을 분모 9로 나누어요. 그러면 그 값은 -2.22예요. 그래서 물은 섭씨 -2.22도(영하 2.22도)에서 얼었어요."

카렌이 말했어요.

"잘했다, 카렌."

선생님이 말했어요.